I0440543

Volksverdummung

\-

Wie wir durch Medienmanipulation gelenkt werden!

Walter Schlegel

"In der ganzen Welt ist jeder Politiker sehr für Revolution, für Vernunft und Niederlegung der Waffen – nur beim Feind, ja nicht bei sich selbst."

Hermann Hesse

Einige Worte zu Beginn

Gottfried Benn prägte einmal den Satz *"Dumm sein und Arbeit haben, das ist Glück"*. Hmm, glücklich werden und glücklich sein wollen wir alle. Aber muss man dafür wirklich *dumm* sein? Wenn man auf einige Verordnungen, Gesetze und vor allem auf die gezielt gelenkte Meinungsmache der großen Medien im Zusammenspiel mit der Politik blickt, muss man zweifellos anerkennen, dass es unsere Volksvertreter sehr gut mit uns meinen müssen und dafür sorgen, dass wir mit weit geöffneten Armen in das Glück wandern.

Oder besser gesagt *sprinten*, denn so wie wir für dumm verkauft und in die Verblödung getrieben werden muss es ein ganz großes Anliegen für die Oberen sein, uns zum Glück zu führen.

Überfordert bloß nicht den braven Bürger mit zu viel Wahrheit und bitte, lasst ihn nicht seinen eigenen Verstand gebrauchen. Gebt ihm stattdessen Dinge, die ihn langsam aber sicher verblöden lassen. Denn nur so bekommen wir ihn glücklich und damit ruhig. - So könnten die einleitenden Worte über gleich mehreren Parteiprogrammen lauten; könnten inzwischen Grundsätze redaktioneller Journalistenarbeit sein und nicht zuletzt Einstellungsvoraussetzung für die großen Nachrichtensender. Denn ein kritischer Blick auf die alltäglichen Dinge und Meldungen zeigt, dass wir derzeit nichts anderes durchleben, als eine Phase der gezielten Verdummung.

Es ist inzwischen wichtiger den Kindern beizubringen den eigenen Namen zu tanzen, als den eigenen Verstand zu gebrauchen. Und da soll noch einer über das System der ehemaligen DDR lästern. Das heutige Deutschland hat die dortigen Methoden zur gezielten Lenkung inzwischen nicht nur erreicht, sondern geradezu perfektioniert.

Das mag sich für Sie provokant anhören oder vielleicht sogar zynisch. Doch Hand aufs Herz: Haben Sie in irgend einer Zeitung in den vergangenen Wochen und Monaten gelesen, dass die deutsche Bundesbank unter starkem Druck der Regierung den grundsätzlichen Weg geebnet hat, Sparguthaben über 100.000 bzw. 250.000 Euro (so ganz sicher ist man sich noch nicht, welche Summen betroffen sein werden) mit einer zehnprozentigen Zwangsabgabe zum Ausgleich der enormen Schuldenlast des Staates zu belegen? Haben Sie nicht gelesen?

Natürlich nicht, denn das würde ja die friedliche Stimmung in der Bevölkerung zerstören. Schlagzeilen über Bauer XY und seiner Suche nach einer geeigneten Frau oder der X-te Versuch eines gescheiterten Sängers, in einer der zahlreichen Castingshows einen Stich zu landen, kommen doch da viel besser. Und außerdem, wer möchte sich schon mit ernsten Dingen konfrontiert sehen.

Nein, mal im Ernst und um beim eben genannten Beispiel zu bleiben: Als der Internationale Währungsfonds den Vorschlag machte, Europas Staaten sollten über eine Enteignung der Sparer nach dem Modell Zyperns (hier wurde 2013 gleich mit beiden Händen bei den Sparern zugegriffen) nachdenken, um die ausufernden Schulden in den Griff zu bekommen, kam erstaunlich wenig Entsetzen von Seiten der deutschen Regierung. Stattdessen kamen Planspiele, welche Einnahmen sich aus einer solchen Abgabe erzielen lassen würden. Die Publikation "Deutsche Wirtschafts Nachrichten" bringt es in einer Meldung vom 27.01.2014 wie folgt auf den Punkt:

*"(...) Nun greift die Bundesbank den Vorschlag überraschend deutlich auf. Die Bundesbank stimmt dem Vorschlag des IWF, dass die Staatsschulden mit einer **Zwangsabgabe** abgebaut werden könnten, zu und hält eine solche einmalige Schulden-Steuer für eine gute Idee – natürlich nur „im absoluten Ausnahmefall"; und natürlich nicht in „Deutschland" – zumindest im Moment nicht.(..)".*

Natürlich nur im "*Ausnahmefall*" und natürlich "*im Moment nicht*". Nein, der Weg, der seit einigen Monaten, ja, bei genauerer Betrachtung sogar *Jahren*, beschritten wird was die Transparenz der Arbeit der Volksvertreter angeht ist erschreckend und die ehemals "*Vierte Gewalt*" im Staate, die Medien, haben sich zum willfähigen Handlanger dieser Verblödungskampagne gemacht. Wer nicht spurt und kritisch über die Dinge berichtet, die besser unter den Teppich gekehrt gehören, der bekommt keinen Platz mehr in der Kanzlermaschine und darf kein Bild mehr auf dem Parteitag schießen.

Oh, das ist aber traurig, da helfen wir doch lieber dabei, das Volk zu verdummen.

Als ehemaliger Journalist treibt es mir schon fast Tränen in die Augen wenn ich sehe, wie viel Wahrheit in dem Anfangs zitierten Satz Gottfried Benns inzwischen steckt: "Dumm sein und Arbeit haben, das ist Glück.". Und noch feuchter werden meine Augen dann dabei, wenn ich täglich beobachten darf, wie Wahrheiten verdreht, entstellt oder gleich erfunden werden, um dieses Streben nach Glück zu forcieren. Unterstützen beim "Streben nach Glück" - klingt doch besser als "Volksverarsche", finden Sie nicht auch?

Wenn Sie sich wohl fühlen bei dem Weg zu diesem Glück (also auf dem Weg in die Dummheit), dann sollten Sie jetzt aufhören zu lesen. Denn in diesem Buch soll ein Blick hinter die Kulissen geworfen werden und kritisch gezeigt, wie gezielt und bewusst die Meinungen gelenkt und gesteuert werden. Wenn es Ihnen gut dabei geht, nicht nachdenken zu müssen und Illusionen über den TV-Bildschirm als Wahrheit verkauft zu bekommen, legen Sie dieses Buch jetzt zur Seite, denn es könnte einige Weltbilder ins Wackeln bringen. Ja, es könnte Sie aus der Bequemlichkeit reißen, in der Sie es sich bequem gemacht haben. Denn auch wenn die Volksvertreter Ihnen alles versprechen mögen, eines, ja nur ein einziges Ding wollen sie nicht: Nämlich dass Sie - ganz im Sinne Kants- den Mut aufbringen, Ihren eigenen Verstand zu gebrauchen und kritisch nachzufragen.

In diesem Sinne Gute Unterhaltung!

„Wahrhaftigkeit und Politik wohnen nur sehr selten unter einem Dach."

Stefan Zweig

Einige nüchterne Fakten

Ja, ich weiß, die einleitenden Worte hatten etwas von leichtem Populismus und könnten in der Kritik genau als das beschimpft werden, was eigentlich angeprangert werden sollte. Nun gut, dann lassen Sie mich ganz nüchtern und trocken mit Fakten beginnen, die so einfach nicht wegzuwischen sind. Ein Einstieg, der bereits deutlich zeigt, in welche Richtung seit Jahrzehnten gegangen wird.

Werfen Sie doch einmal einen Blick auf die Titelseite Ihrer Tageszeitung. Nein, nicht auf die Schlagzeilen oder die Bilder, sehen sie ganz nach oben unter den Namen der Zeitung nach, was dort geschrieben steht.

Alternativ werden Sie diese Worte auch im Impressum finden. *"Unabhängig"* und *"Überparteilich"* wird dort stehen. Ist ja auch logisch, oder? Denn was wäre es denn für eine Zeitung, ja, was wären es für Nachrichten, wenn dort abhängige Redakteure arbeiten würden, die dazu gezwungen sind, in eine ganz bestimmte Richtung zu schreiben und die Meinungsbildung zu lenken. Und vor allem, wie unabhängig wären denn diese Meldungen, wenn sogar eine politische Partei hinter diesen Nachrichten und dieser Zeitung stehen würde. Das ginge doch nun gar nicht, oder?

Geht doch und zwar schon seit mehreren Jahrzehnten! Sehr gut geht es sogar, denn kritische Fragen muss sich keiner gefallen lassen, wenn er nicht auch den Schmutz seiner Eigentümer und Lenker in den Schlagzeilen konkurrierender Blätter sehen möchte.

Stellen Sie sich für einen kurzen Moment vor, Sie hätten eine politische Gruppierung und möchten gern in das Parlament einziehen. Sie haben gute Leute hinter sich versammelt und sprechen ganz gezielt eine bestimmte Zielgruppe an Wählern an. Nehmen wir an, Arbeiter oder jene Familien, in denen der Mann morgens zur Arbeit geht und die Frau den Haushalt "schmeißt". Gut, das mag sich etwas *altbacken* anhören, aber als dieses Konstrukt, von dem gleich die Rede sein soll, geboren wurde, waren die Verhältnisse eben noch nicht so freizügig, dass Frauen selbstbestimmt und eigenverantwortlich bestimmen konnten.

Ja, ganz "*gewöhnliche*" Arbeiter und ihre Familien also, die einen ganz bestimmten Tagesablauf haben und in ihren festen Gewohnheiten verhaftet sind. Von dieser Zielgruppe wissen Sie, dass der Mann nicht nur das Geld nach Hause bringt, sondern auch der "Meinungsführer" ist. Einige Leser werden sich noch an diese Zeiten zurück erinnern können, andere Leser werden dies aus Erzählungen ihrer Eltern und Großeltern kennen.

Aber zurück zu "Ihrer" Partei und der Zielgruppe, die Sie mit Ihren politischen Vorstellungen erreichen wollen. Sie wissen also, wen Sie erreichen wollen, bleibt nur noch das "wie" übrig. Sie wissen nun aber von Ihrer Zielgruppe auch, dass sie sich regelmäßig über das Tagesgeschehen informiert. Nehmen wir an, Sie haben Ihre Gruppierung in einer Zeit gegründet, in der es noch keine 279 Kanäle in Ihrem Digital-Receiver gab und in der noch nicht in jedem Haushalt mehrere Fernsehgeräte standen. Die täglichen Informationen wurden also aus den Zeitungen aufgesogen, die regelmäßig zum Frühstück auf den Tisch kam. Dort wurde sich über das aktuelle Weltgeschehen informiert und die Meinungsbildung fand auf Grund von Kommentaren statt, über die dann diskutiert wurde.

Wäre es nicht ein herrliches Instrument für Ihre politische Gruppierung, wenn Sie bestimmen könnten, was genau in diesen Zeitungen steht und welche Richtung die Kommentare einschlugen? Ja, wäre es nicht das perfekte Instrument, um neue Wähler zu gewinnen?

Immerhin könnten Sie doch die Nachrichten dann so gestalten lassen, dass nur das darin steht, was für Sie angenehm und für den politischen Gegner unangenehm ist. Was wäre das doch für eine Grundlage, um den Aufstieg Ihrer Gruppierung zu ermöglichen...

Ein verlockender Gedanke, nicht wahr? Zumindest dann, wenn Sie diese eben vorgestellte politische Gruppierung leiten würden. Als Wähler und aufgeklärter Bürger jedoch muss dieser Gedanke schnell wieder vom Tisch gewischt werden. Denn so etwas, nein *so etwas*, das darf es nicht geben und das wäre gegen jede gute Sitte. Wo kämen wir denn hin, wenn eine Partei gezielt die Zeitungen lenkt und damit aktiv dazu beitragen kann, die Wähler und damit die Wahlen zu beeinflussen?

Nun, diese Frage kann schnell und einfach beantwortet werden: Wir kämen ins 21. Jahrhundert. Sicher, wir leben im Zeitalter des Internet und der grenzenlosen Informationen, aber diese Zeit gab es eben noch nicht immer und es gab die Zeit, in der die Zeitungen aktiv zur Meinungsbildung beitrugen. In genau jener Zeit wurde die Idee geboren, die eben noch als Gedankenspiel dargestellt wurde und eine politische Kraft in Deutschland sicherte sich über zahlreiche Beteiligungen diesen herausragenden Einfluss auf die öffentliche Meinung.

Die Rede ist von der DDVG – Der "Deutschen Druck und Verlagsgesellschaft", die auch heute noch über Mehrheitsbeteiligungen an zahlreichen Verlagen eine tägliche Zeitungsauflage von fast 500.000 gedruckten Exemplaren kontrolliert und über inzwischen geschrumpfte Minderheitsbeteiligungen eine weitere Auflage von ca. 2,2 Millionen Exemplaren (diese Zahl war einmal weitaus höher, aber inzwischen hat man eben auch in dieser zugegeben sehr großen Institution erkannt, dass der Weg zur Meinung über das Internet und die "neuen Medien" führt). Das macht fast 2,8 Millionen Exemplare von Tageszeitungen, die direkt oder indirekt kontrolliert werden können. Dazu kommen noch Beteiligungen an Radiosendern (wer von uns hört nicht morgens im Autor die Nachrichten) und diverse Beteiligungen an Online-Plattformen (wie gesagt, der Weg ins neue Zeitalter wurde zwar verschlafen, aber dann doch entdeckt).

DDVG – noch nie gehört? Das soll eine politische Gruppierung sein? Nein, ist sie nicht. Aber diese Gesellschaft gehört zu 100% einer der großen politischen Parteien in Deutschland. Diese Partei gelangt also in fast 3 Millionen Fällen täglich mit dem Tarnmantel als "unabhängige" und "überparteiliche" Zeitung auf den Frühstückstisch.

Welche Partei dahinter steckt? Nun, raten Sie doch einmal kurz mit: Durch die jahrzehntelange Fokussierung dieser Partei auf den Markt der Tageszeitungen müssten der Stimmenanteil dieser Partei genau dann am höchsten gewesen sein, als das Fernsehen noch nicht so weit verbreitet war und inzwischen müsste dieser Stimmenanteil im Vergleich zu den sechziger oder siebziger Jahren des vergangenen Jahrhunderts deutlich geschrumpft sein, nicht zuletzt weil die Bedeutung der Tageszeitungen entsprechend abnahm und auch die jahrzehntelangen, festgefahrenen Strukturen in der Familie, in der der Mann das Oberhaupt ist und die Meinung vorgibt, sich deutlich gewandelt haben.

Na, erraten? Noch nicht? Gut, noch ein kleiner Hinweis: Die aktiven Beteiligungen dieser Gesellschaft, in denen die Mehrheit und damit die Ausrichtung der Meinung der entsprechenden Tageszeitung kontrolliert werden konnte, lagen mehrheitlich (und liegen teilweise noch) in Nordrhein-Westfalen und im Ruhrgebiet. Und welche Partei ist dort traditionell stark vertreten? Ah, jetzt haben Sie es:

Richtig, die SPD.

Die eben erwähnte "Deutsche Druck und Verlagsgesellschaft" (DDVG) gehört zu vollen 100% der SPD und führt regelmäßig nicht nur die erwirtschafteten Gewinne aus den Beteiligungen an die Partei ab, sondern wird auch durch SPD Politiker geführt. Dabei war es lange Zeit Tradition, dass der SPD Schatzmeister (bzw. Die Schatzmeisterin) gleichzeitig die Geschicke der DDVG führt, aber inzwischen rückte man von dieser Praxis wieder ab, wohl weil es tatsächlich in der Vergangenheit einige durchaus kritische Meldungen über die Verflechtung von einer politischen Partei mit einer derart großen Medienholding gab, die durchaus in der Lage ist, aktiv die Meinungsbildung zu lenken.

Natürlich stritt und streitet die SPD stets ab, aktiv auf die ihr gehörenden Zeitungen Einfluss zu nehmen. Sicher, das kann man glauben oder man kann es nicht. Vielleicht sollte man sich eher darauf besinnen zum
Glauben in die Kirche zu gehen und hier die Fakten sprechen zu lassen. Denn auch wenn die SPD die aktive Einflussnahme auf die ihr gehörenden Zeitungen auf Nachfrage abstreitet (mal ehrlich, würden Sie als Besitzer zulassen, dass Ihre Zeitung kritisch über Sie berichtet?), so kam spätestens im Jahre 2004 ein sehr unschöner Fakt ans Tageslicht. Damals übernahm die DDVG, als indirekt die SPD, die angesehene und überregionale Tageszeitung "Frankfurter Rundschau".

Ein Traditionsblatt, welches für kritischen Journalismus bekannt war. Aber wie es eben so kam, gelangte dieses Blatt in den Jahren nach dem Jahrtausendwechsel in eine schwere wirtschaftliche Krise und musste sich neue Eigentümer suchen. Die gut gefüllte Kasse der DDVG kam da gerade zur rechten Zeit und so gab es einen neuen Eigentümer für das Traditionsblatt. Doch dieses Mal wurde Kritik laut: So monierten sich gleich mehrere Politiker der konkurrierenden Parteien darüber, dass die Grenze überschritten wurde. Immerhin sei die "Frankfurter Rundschau" keine Regionalzeitung, sondern ein überregionales und damit sehr einflussreiches Blatt. Doch die Kritik verhallte ungehört und man verkündete von Seiten der DDVG, "natürlich keinen aktiven Einfluss auszuüben". Wer es glaubt.....

Denn anders als die Beteuerungen wurde dieser Einfluss sehr stark ausgenutzt, wie eine -für den kritischen Journalismus sehr leidige- Geschichte zeigt: Die Frankfurter Rundschau hatte eine sehr große politische Redaktion und berichtete traditionell intensiv und ausführlich über die verschiedenen Parteien und deren Programme.

So wurde dann auch im Jahre 2005 über die Linkspartei und deren Programm sehr sachlich und intensiv berichtet. Immerhin war es Wahljahr und es galt, die Leser über die Parteien zu informieren. In den Augen der SPD war diese sehr ausführliche und sachliche Berichterstattung über die Linkspartei und deren Programm ein Dorn im Auge und sie sah darin eine Alternative für ihre Stammwählerschaft – Ein Umstand also, den es sofort zu stoppen galt, denn sonst könnte die eigene Klientel abspringen und abwandern. Daraufhin schrieb die damalige Chefin der DDVG (zugleich Schatzmeisterin der SPD, was für eine tolle Ämterteilung, bei der garantiert das eine Amt das andere nicht beeinflusst) einen Brief an den Chefredakteur der Frankfurter Rundschau und monierte diese Berichterstattung über die Linkspartei. Zugleich, vermutlich um dem Chefredakteur die Arbeit zu erleichtern, übersandte sie einen Artikelvorschlag aus der Feder eines SPD Parteivorstandes. Ein Artikelvorschlag, der ein durchaus kritisches Licht auf die Linkspartei warf und zugleich herausstellte, dass natürlich nur die SPD die Belange der Arbeiter erfüllen würde. Der Chefredakteur der Frankfurter Rundschau lehnte diesen Artikelvorschlag ab und begründete es mit der "redaktionellen Unabhängigkeit" der Zeitung.

Die Chefin der DDVG hingegen sah in dieser Weigerung des Artikelabdrucks in ihrem Antwortschreiben an den Chefredakteur, dass dieser nicht wüsste, wie man eine Redaktion führe. Kurzer Hand wurde er gefeuert und durch einen linientreuen Chefredakteur ersetzt.

Inzwischen ist die Frankfurter Rundschau Geschichte, doch diese kleine Passage zeigt, wie sehr und vor allem gezielt Einfluss genommen wurde. Ein Schelm wer Böses dabei denkt und glaubt, diese Zeitung war ein Ausnahmefall in dem riesigen Geflecht aus Beteiligungen. So ist mir aus meiner eigenen Laufbahn ein Fall namentlich bekannt, in dem einem aufstrebenden Journalisten ein Redakteursposten angeboten wurde, wenn er denn endlich das "richtige Parteibuch" annehmen würde....

Übrigens, wenn diese Geschichte für Sie zu unglaublich klingt und Sie sich einmal einen Überblick davon verschaffen wollen, ob auch Ihre Tageszeitung vielleicht hinter dem Wörtchen "überparteilich" rot eingefärbt ist, geben Sie doch einmal in die Suchmaschine Ihres Vertrauens das Kürzel "DDVG" ein und lassen Sie sich überraschen....

***

Zugegeben, dieser vorangegangene Abschnitt mag unfair gegenüber einer politischen Kraft im Lande sein und es liegt mir fern, überhaupt eine Seite einzunehmen. Aber die Beteiligungen sind ein Fakt, der nicht von der Hand zu weisen ist. Aber wer jetzt glaubt, nur die eine Seite versteht sich (oder verstand sich jahrzehntelang) auf indirekte Einflussnahme auf die öffentliche Meinung, der irrt gewaltig. Denn auch die andere Seite vermag dem in nichts nachzustehen. Nur versuchte sich die Union (um auch hier mit dem markigen Kürzel zu arbeiten: CDU) im Geschäft der Bewegtbilder. So war es ein offenes Geheimnis, dass sich CDU Obere dafür aussprachen, auf das aufkeimende Privatfernsehen Einfluss zu nehmen und siehe da, es gelang. So war Sat1 unter dem Altgesellschafter Kirch, seines Zeichens enger Freund der CSU-Amigos, lange Zeit als CDU-Haussender verschrien und auch RTL unter Bertelsmann als Eigentümer galt als sehr CDU "freundlich" (um es dezent auszudrücken). So machten beide große Privatanstalten in dem Wahljahr, als Schröder den Kanzler Kohl herausforderte, das Rennen um den Wahlsieg bis zum Wahltag hin "spannend" und stellten es als "offenes Ende" heraus, obwohl längst abzusehen war, dass Schröder haushoch gegen Kohl gewinnen wird. Und warum das alles? Weil durch das heraufbeschwören eines offenen Wahlausgangs auch die letzten Wähler dazu getrieben werden, doch noch ins Wahllokal zu gehen um ihre Stimme abzugeben und nicht das schöne Wetter zu genießen. Von der SPD und deren Anhänger wusste man zu dieser Zeit, dass sie eine sehr hohe Mobilisierungsrate erfahren würde, da ihre Anhänger für den Wechsel stimmen würden. So mussten die Privaten das "offene Ende" propagieren, um den potentiellen CDU Wählern zu zeigen, dass ihre Stimme doch noch zählen würde und den Wechsel verhindern könnte. Es kam anders, wie wir heute wissen, aber ein Blick in die Archive lässt dieses in der Berichterstattung dargestellte, realitätsferne "offene Ende" dieser Wahl bis hin zum Wahltag noch immer aussehen wie ein besonders makabres Kapitel einer -angeblich- unabhängigen Berichterstattung.

A pro pos *"unabhängige Berichterstattung"* - Sind dafür nicht die öffentlich - rechtlichen Medien da? Haben die nicht die Aufgabe, sachlich, unvoreingenommen und neutral zu berichten? Sicher, diese Aufgabe haben sie dem Papier nach, doch wie erst jüngst ein Urteil des Bundesverfassungsgerichtes eindrucksvoll zeigte, sind die Besetzungen der jeweiligen Verwaltungsräte und Aufsichtsgremien dieser Sender alles andere als neutral, unabhängig oder überparteilich. So musste das ZDF vor diesem höchsten deutschen Gericht eine herbe Schlappe einstecken, weil 44% aller entscheidenden Gremien mit Staatssekretären, Ministern oder sonstigen "staatsnahen" Personen besetzt war. Eine Quote, bei der das Gericht Zweifel daran hatte, ob der Auftrag der unabhängigen Berichterstattung überhaupt gewährleistet werden könnte.

Vielleicht erklärt das auch, warum der SPD Kandidat Steinbrück bei der vergangenen Bundestagswahl 2013 nur ein Fünftel der Sendezeit während des Wahlkampfs eingeräumt bekam, als seine Herausforderin, die Kanzlerin. Vielleicht beantwortet dies die Frage, weshalb dieses eine Fünftel der Sendezeit dann noch gefüllt wurde mit deutlich negativer Berichterstattung über den Herausforderer (man denke an die Spitznamen, die von diesen Medien kreiert wurden, wie etwa "Problem-Peer" oder "Pannen-Peer").

Eine kleine Randnotiz in diesem Zusammenhang und zugleich ein interessanter Fakt: Es mutet schon sehr zweideutig an, wenn ausgerechnet der langjährige Redakteur der ZDF Nachrichten Seibert im Jahre 2010 nach der Wahl Merkels zur Kanzlerin ins Kanzleramt befördert und zum offiziellen Pressesprecher ernannt wurde. Die Einlösung eines besonderen Gefallens während des Wahlkampfes und für die angenehme Berichterstattung...? Ein Schelm, wer Böses dabei denkt.

***

Wohlgemerkt, wir sind noch immer bei den trockenen, nachprüfbaren Fakten. Wie Sie sehen geben diese aber auch einen Blick frei, der durchaus kritischer nachdenken lässt und durchaus Zweifel daran aufwirft, ob wir wirklich so "unabhängig", "überparteilich" oder "sachlich" informiert werden.

Spätestens seit dem Fall Edward Snowden wissen wir, dass der Hunger des Staates nach Informationen über seine Bürger nahezu unstillbar ist und das der Staat auch nicht davor zurück schreckt, mit Fehlinformationen zu arbeiten oder ganz gezielt Menschen zu beeinflussen. Lassen Sie uns jetzt in den folgenden Kapiteln einen Blick auf einige Schlagzeilen werfen, hinter denen sich weitaus mehr verbirgt, als es nach offiziellen Angaben der Fall war. Manchmal reicht es schon, die richtigen Fragen aufzuwerfen, wie Sie selbst sehen werden....

***

„Für einen Politiker ist es gefährlich, die Wahrheit zu sagen. Die Leute könnten sich daran gewöhnen, die Wahrheit hören zu wollen."

George Bernard Shaw

Ein nimmersatter Datenkrake

Können Sie sich noch an die Schlagzeilen (es gab gleich mehrere Fälle) erinnern, in denen kriminelle Hacker (wohlgemerkt, einige Schlagzeilen sagten tatsächlich *"kriminelle Hacker"*, was im Umkehrschluss heißt, es gibt auch nicht-kriminelle Hacker, die sich Ihrer Daten bemächtigen) fast 20 Millionen Email Adresse mit den dazugehörigen Passwörtern gestohlen und sie jetzt Zugriff auf die in den Postfächern befindlichen Mails hätten?

Fast 20 Millionen – Eine fast schon unvorstellbare Zahl, die in sehr vielen Fällen eine Angst hervor rief, auch die eigene Email Adresse könnte davon betroffen sein.

Ein Schreckensszenario: Hacker könnten Zugriff auf meine privaten Mails erhalten, könnten sehen, bei welchen Online-Händlern ich Accounts habe und vielleicht sogar direkt dort in meinem Namen bestellen. Die Medien ließen kein Szenario aus, was auch nur ansatzweise möglich wäre und schürten über Tage hinweg Angst. Verständlich, bei fast 20 Millionen gestohlenen Datensätzen ist die Wahrscheinlichkeit hoch, dass wenn schon nicht ich, so doch einer meiner direkten Angehörigen betroffen sein würde. Über den Daumen gibt es etwa 80 Millionen Menschen in Deutschland und zieht man davon die Kinder und Internetlosen Mitbürger ab, hat dieser Hackerangriff also jeden Dritten eiskalt erwischt.

Doch in dieser allgemeinen Panik gab es schnell Hilfe vom *"Bundesamt für Sicherheit und Informationstechnik"*, kurz BSI. Ein Amt, das ganz bestimmt nur das Wohl der Bürger im Sinn hat, untersteht es doch dem Bundesinnenminister. Jenem Minister also, der zugleich für Polizei und Überwachungsmaßnahmen zuständig ist (und am liebsten eine Drohne in jedem deutschen Wohnzimmer kreisen lassen würde). Dieses Amt also teilte nun mit, dass jeder Bürger ganz einfach prüfen könne, ob seine eigene Email Adresse ebenfalls von diesen großen Hackerangriffen betroffen sei. Immerhin geht es ja um die Sicherheit eines jeden einzelnen Bürgers.

Zu diesem Zweck habe das Bundesamt nun eine Extra-Seite eingerichtet, auf der jeder Bürger ganz einfach seine Email Adresse eintragen könne und natürlich erhalte er umgehend Bescheid, wenn seine Email Adresse eine der betroffenen Adresse sei. Die Medien halfen tatkräftig mit, diese neu eingerichtete Internetseite des Bundesamtes zu bewerben und kaum eine Zeitung, Fernsehanstalt oder Radiosender versäumte es in mehreren Nachrichtensendungen, auf Facebook und sonstigen Seiten, auf diese neue Seite hinzuweisen. So war es dann auch nicht wirklich überraschend, dass bereits wenige Tage später stolz verkündet wurde, es wurden dort schon mehr als 20 Millionen Email Adressen zur Überprüfung eingetragen. Toll, wie schön doch das Zusammenspiel von Medien und Behörden funktionierte, wenn es um die betroffene persönliche (oder besser gesagt: digitale) Sicherheit der Bürgerinnen und Bürger geht.

Was mich persönlich (und vielleicht auch Sie) jedoch viel mehr erstaunte, waren ganz andere Fragen, die in diesem Zusammenhang nicht beantwortet wurden. Die dabei offenkundige, woher wusste das Bundesamt für Sicherheit und Informationstechnik die konkreten Emailadressen und Passwörter der betroffenen, immerhin 18 Millionen Accounts, um dann nach Eingabe der Email-Adresse den betroffenen Bürgern mitzuteilen (oder auch nicht), sie wären eine der *"gehackten Accounts"*? Woher kam die Liste mit Email-Adresse und dazugehörigen Passwörtern?

Noch mit dieser Frage innerlich schwanger gehend stellte ich dann nach mehreren Fragen in meinem privaten Umfeld fest, dass diese Bekannten, Freunde und Familie zwar fleißig ihre Adressen dort eintippten, aber niemand betroffen zu sein schien. Also keiner erhielt die Meldung, er wäre einer der Betroffenen. Seltsam, musste es doch bei der Anzahl von Datensätzen statistisch jeden Dritten getroffen haben...

Doch zu was konnte diese groß angelegte Aktion dann nützlich gewesen sein? Um diese Frage zufriedenstellend zu beantworten sollte man wissen, was man alles über sich verrät, wenn man eine Internetseite aufruft; welche Möglichkeiten es also für den Seitenbetreiber gibt, Daten abzugreifen und zu sammeln.

Ruft man eine gewöhnliche Webseite auf, übermittelt man unter Anderem, von *wo* aus man diese Seite aufruft. Dass heißt, der Seitenbetreiber kann sehr genau eingrenzen, wo der Nutzer, der gerade auf seiner Seite stöbert, wohnt oder sich aufhält. Wobei "private" Seitenbetreiber hier deutlich geringere Möglichkeiten haben, als staatliche und offizielle Seitenbetreiber. Zudem kann die aufgerufene Seite ganz ohne Zutun und Wissen des Nutzers einen kleinen "Cookie" setzen und dieser sendet dann an seinen Programmierer oder den Betreiber der Webseite, welche Seite man anschließend aufruft, welche man aufgerufen hat, wie lang man online ist und -in ganz besonderen Fällen- was man in die Formularfelder einzelner Seiten eintippt. Auch hier gibt es nahezu grenzenlose Möglichkeiten.

Dies können wir ganz leicht nachprüfen, in dem wir zum Beispiel die Suchmaschine *google* aufrufen, anschließend einige Reiseportale im Netz aufsuchen und dann wieder zurück zu *google* gehen. Sie werden feststellen, dass plötzlich die am Rand erscheinende Werbung häufig etwas mit Urlaub, Flugvergleichsportalen oder anderen Bereichen rund um das Thema Reisen zu tun hat. Ein seltsamer Zufall, nicht wahr? Doch es ist in dem Fall kein Zufall, sondern der von google gesetzte Cookie hat einfach an sein Mutterschiff gefunkt, welche Seiten man besucht hat und schon wurde die Werbung personalisiert. Immerhin will google ja Geld verdienen. Sie sehen, ein Cookie ist ein kleines Wunderwerk der Technik.

Aber gehen wir wieder zurück zu dem Fall der gehackten Email-Adressen. Der Staat hat schon sehr frühzeitig und immer wieder Interesse daran bekundet, zu seinen Bürgern nicht nur die Adressdaten über die Meldeämter zu erfahren, sondern auch die elektronischen Postfächer. So gab und gibt es immer wieder Einwohnermeldeämter, auf deren Meldeformularen das Feld "Email-Adresse" auftaucht. Für Datenschützer ist diese Abfrage ein regelmäßiger Eingriff in die Privatsphäre und gleich einem Pawlowschen Reflex wird Entsetzen über diese Abfragen bekundet.

Der Staat bzw. der Innenminister hat jetzt also über die für die möglichen Betroffenen eingerichtete Seite erfahren, welche Email-Adresse wo wohnt oder wo arbeitet (je nachdem, ob man diese Abfrage aus dem Büro oder dem Wohnzimmer machte).

Doch was geschieht mit diesen Datensätzen? Immerhin sind sie gesammelt und liegen nun vor. Das heißt, vorausgesetzt, wir unterstellen dem Staat, er habe zu viel Orwell gelesen oder Huxley geschmökert, mittels dieser Kampagne konnten zahlreichen Email-Adressen die Wohnsitze zugeordnet werden.

Inzwischen laufen wie wir alle wissen, im Datenverkehr sogenannte "Filter" mit. Riesige Abhöranlagen schalten sich zur Aufzeichnung eines Telefonates ein, wenn bestimmte Schlüsselwörter fallen und dann muss ein Angestellter vom Nachrichtendienst beim Abhören dieser aufgezeichneten Nachricht die Entscheidung treffen, ob das Gespräch mit diesem Schlüsselwort jetzt die innere Sicherheit bedroht oder nicht. Alles natürlich für unsere Sicherheit. Ergeben sich in diesem Telefonat dann tatsächlich Anhaltspunkte dafür, dass etwas im Gange ist, dann gerät der Betroffene ins Visier der Sicherheitsbehörden und Anschläge oder sonstige Taten gegen die Sicherheit können vereitelt werden. Längst gibt es diese Filter auch im Email Verkehr. Natürlich wird nicht jede email gelesen oder gespeichert, aber es laufen Filter mit, die bei bestimmten Wortkombinationen die Glocken irgendwo klingeln lassen und die verdächtige Email wird als Kopie den Sicherheitsbehörden weitergeleitet. Das bisherige Problem war nur, dass es schwer war, den Absender der jeweiligen Email konkret zu lokalisieren.

Erkennen Sie jetzt, in welche Richtung es laufen kann? Denn durch diese *"Testseite"* des Bundesamtes für Sicherheit und Informationstechnik dürfte es in Zukunft um einiges leichter werden, eine ansonsten namenlose Email einer ganz bestimmten Haustür zuzuordnen. Sicherlich alles im Dienste der Sicherheit, nur wer weiß denn heute schon, wer in Zukunft diese Daten in die Hände bekommt oder -was viel schlimmer wäre- auf welche persönlichen Freiheiten wir in Zukunft im Namen der "Terrorbekämpfung" noch verzichten müssen?

Wohlgemerkt, diese Möglichkeit ist rein theoretischer Natur und zeigt lediglich, was durchaus hätte sein können. Immerhin war die Medienkampagne dafür, unbedingt diese Seite aufzurufen und seine email Adresse dort einzutragen, derart massiv, dass sie wirklich bis ins hinterste Wohnzimmer gelangte. Da fragt man sich schon, warum derart kritische Fragen, die offenkundig und auf der Hand liegen, von keiner Zeitung oder Nachrichtensendung auch nur im Ansatz aufgegriffen wurden und zumindest die mögliche Gefahr darstellte. Oder steckte vielleicht doch ein ganz anderer Plan dahinter und wurde durch diese massive Aktion lanciert? Fragen über Fragen, von der eine ganz sicher nicht beantwortet wurde und alles andere als theoretische Spekulation ist: Woher hatte das Bundesamt nun die 18 Millionen Datensätze und was hat es noch...?

***

„ In der Politik ist es manchmal wie in der Grammatik: Ein Fehler, den alle begehen, wird schließlich als Regel anerkannt. "

Andre Malraux

Vive la Revolution! Vive la Facebook?

Wie Sie im Kapitel eben erkennen konnten, ist es manchmal schon das gezielte Nachfragen, das eine Wahrheit oder Möglichkeit ans Licht befördert, die sich komplett von der unterscheidet, die uns über die Medien mitgeteilt wird und manchmal sind es die kleinen Nebensätze in den Meldungen, die uns aufhorchen lassen sollte. So wie im Falle von Facebook. Wobei sich hier zeigt, dass zwar Fragen aufgeworfen wurden, aber leider die falschen.

Sie kennen sicher das Phänomen Facebook. Jenes blauen sozialen Netzwerkes, in dem Sie auf comichaften Bauernhöfen virtuelles Nutzvieh züchten können, Bekannten und Freunden mittels direkt hochgeladener Bilder dabei zusehen können, was sie auf dem Teller vor sich haben oder in dem Sie einfach nur hin und wieder Ihre Bekanntschaften pflegen und sich austauschen.

Das blaue Netzwerk mit dem erhobenen Daumen hat einen Siegeszug hinter sich gebracht, wie man es vor einigen Jahren kaum für möglich hielt.

Inzwischen verbinden sich fast eine Milliarde Menschen über dieses Netzwerk miteinander und der Siegeszug scheint ungebrochen weiter zu gehen.

Dabei mag man gar nicht recht glauben, dass derart viele Menschen so offensiv dieses Netzwerk nutzen. Immerhin erfahren wir regelmäßig in den Medien, dass Datenschützer vor Facebook warnen; ja, sogar sagen, es sei zu "gefährlich", derart viel von sich preis zu geben. Doch sind diese Meldungen, vor denen immerhin selbst seriöse und alles andere als auf Teenager ausgerichtete Medien wie Tagesthemen & Co. nicht zurück schrecken und sie eifrig mit verbreiten, tatsächlich dazu da, um zu warnen, oder vielmehr um erst auf dieses Netzwerk aufmerksam zu machen und es auch denen gegenüber attraktiv zu machen, die bislang nicht erreicht werden konnten?

Wir wissen, auch negative Werbung kann Werbung sein und sieht man sich die Entwicklung der Nutzerzahlen von Facebook an, dann erkennt man deutlich einen Anstieg. Trotz (oder gerade wegen) der zahlreichen eher negativ angehauchten Berichte.

Wenn man einen Blick hinter die Kulissen dieses weltumspannenden, sozialen Netzwerkes wirft, einmal nachprüft, wer es finanzierte und wer dort das sagen hat, dann fragt man sich jedoch, warum nicht Klartext gesprochen und Ross und Reiter genannt werden? Also doch alles nur Augenwischerei und Bekanntheitskampagne? Sehen wir es uns an:

Dabei sei gleich der Hinweis vorausgeschickt, dass ein Buch wie dieses, das seine Hauptaufgabe darin sieht, Fragen aufzuwerfen und anzuspornen, sich kritisch mit den Dingen zu beschäftigen, die uns nur zu gern als Wahrheit präsentiert werden, nicht jeden Stein mit der notwendigen Intensität umdrehen und dahinter blicken kann. Aber es kann, wenn man bei diesem Bild bleibt, eine Tür freilegen, hinter der noch weit mehr Dinge verborgen sind, als wir uns jetzt vielleicht noch vorstellen können.

Nun aber zum Thema zurück. Hand auf's Herz: Wann haben Sie persönlich zum ersten Mal von Facebook erfahren? Hörten Sie von Freunden davon? Wurden Sie per Email von ihnen eingeladen und woher wussten Sie überhaupt, was hinter diesem Netzwerk steckt? Vielleicht wurde die Neugier geweckt durch eine der zahlreichen „Warnungen" über die ach so bösen Datenschutzpraktiken dieser Plattform? Denn wenn der Satz „Auch eine schlechte Schlagzeile ist eine Schlagzeile!" jemals Gültigkeit besessen hat, dann wohl im Zusammenhang mit dem Netzwerk, das den berühmt-berüchtigten Daumen als Markenzeichen hat.

Erstaunlicherweise stagnierten nämlich die Nutzerzahlen des Netzwerkes auf immerhin schon hohem Niveau in Deutschland, bis dieses Netzwerk durch die Medienkampagnen und vermeintlichen Warnungen auch in das letzte Wohnzimmer transportiert wurde.

Denn auch wenn regelmäßig öffentlichkeitswirksam Schelte gegen das Netzwerk verteilt wurde, so ist nicht von der Hand zu weisen, dass damit der Name immer weiter verbreitet und in die Aufmerksamkeit der Bürger gelangte. Immerhin, so suggerierten es ja die Warnungen, scheint ja fast jeder in dem Netzwerk zu sein und so schlimm kann doch der lasche Datenschutz nicht ein. Was hat man schon zu verbergen...?! Soll der Staat oder in dem Fall eine Firma schon schnüffeln, ich, *ja ich,* habe nichts zu verbergen. Ob es einen direkten Zusammenhang zwischen dem endgültigen Durchbruch des Netzwerkes mit der negativen Medienkampagne gab, ist sicherlich schwierig nachzuweisen. Nicht schwierig nachzuweisen ist hingegen der Umstand, dass bereits zum Ende des Jahres 2011 (jüngere Zahlen liegen nicht vor) über 21 Millionen Deutsche im Netzwerk vertreten waren - Das bedeutet, mehr als jeder vierte Deutsche oder fast jeder zweite wahlberechtigte Bürger in diesem Land.

Dabei wiederholen sich die Meldungen über die Datenschutzpraktiken bei Facebook in angenehmer und schon auffallender Regelmäßigkeit: Vorsicht bei der Eingabe von persönlichen Daten soll man bitte sehr walten lassen, ebenso wie auf die richtigen Einstellungen in der Privatsphäre achten.

Doch, und die Frage muss erlaubt sein in dem Zusammenhang, warum wird bis heute in diesen Warnungen nicht wirklich Klartext gesprochen? Warum wird nicht einfach gesagt, wer und was wirklich hinter dem Netzwerk mit dem Daumen steckt?

Denn betrachtet man diese Umstände näher, dann kommt durchaus der leise Verdacht ins Bewusstsein, dass die negativen Berichterstattungen bestenfalls „zaghaft" und „mit Samthandschuhen" erfolgten und nicht zuletzt deshalb, weil man in irgend einer Form auf berechtigte Kritik reagieren musste, selbst wenn man diese dann abschwächte und deutlich verharmlost in die Wohnzimmer brachte.

Fakt ist nämlich, dass Facebook bereits mit Gründung sehr eng mit dem amerikanischen Geheimdienst, der CIA, verflochten ist. Der amerikanischen Regierung blieben in den späten neunziger Jahren die rasanten Auswüchse des weltumspannenden Internet nicht verborgen und schnell war klar, dass hier die Zukunft liegt. Eine Zukunft, die sich mit den alten Überwachungsmöglichkeiten nicht mehr kontrollieren und lenken ließ. Zu diesem Zweck wurde 1999 von dem amerikanischen Geheimdienst, der CIA, die Firma „In Q Tel" gegründet - einzig mit dem Ziel, in aufstrebende „Start up"- Unternehmen zu investieren, welche vielversprechende Technologien im Bereich der "Neuen Medien" entwickelten. So war eines der jüngst zurück liegenden Investments dieses, eine neue Firma reichlich mit Geld auszustatten, deren Geschäftsfeld es ist, eine Software zu entwickeln, die ganz genau nachprüfen und aufzeichnen kann, was die einzelnen Nutzer bei google in die Suchmaske eingeben, welche Artikel sie beim Online Riesen amazon kaufen oder welche Filme Sie auf Youtube sehen.

Natürlich sagt die Steuergeld ausgebende Firma IN-Q-TEL, dass sie lediglich junge und aufstrebende Firmen unterstützen möchte und keinerlei Profit aus diesen Investments zieht. Natürlich, dies ist gegen die eigenen Statuten.

Aber sie erkauft sich damit rechtzeitig die Rechte, die jeweiligen Entwicklungen der Firmen, in denen sie investierte, mit zu nutzen und damit die Patente selbst auszubeuten. In diesem Zusammenhang ist es eine bezeichnende Randnotiz, dass in den Jahren 2010 und 2011 gleich mehreren Touristen die Einreise in die USA verwehrt wurden. Bei zweien der Betroffenen war die Begründung, das "verdächtige Kaufverhalten bei amazon" gebe Anlass zu dieser Vorsichtsmaßnahme, bei einem anderen lautete die kurze und ebenso knappe Begründung, sein "verdächtiges Zahlungsverhalten bei Paypal" rechtfertige diese Verweigerung der Einreise. Ein Beleg dafür, dass sich die Investition der CIA eigenen Firma IN-Q-TEL in den Entwickler dieser Analysesoftware bereits frühzeitig auszahlte.

Doch dies nur als kleines Beispiel dafür, wie gezielt die amerikanischen Sicherheitsbehörden Geld in die Privatwirtschaft pumpen, um an Daten zu gelangen. Ein Umstand übrigens, zu dem es nicht erst den Whistleblower Edward Snowden bedurfte. Denn IN-Q-TEL selbst wirbt ganz offensiv auf der eigenen Seite damit, in welche Firmen investiert wurde und wird. Zahlungsanbieter, Tauschbörsen, Softwareentwickler und und und... Die Liste liest sich wie das "Who is who" der potenziellen Schnüffelsoftwareentwickler.

Doch zurück zu Facebook. Denn dieses Unternehmen findet man nicht auf der offiziellen Investitionsliste dieser staatseigenen Risikokapitalfirma. Vermutlich um sich keinem direkten Verdacht auszusetzen wurde hier nämlich der dauerhafte Einfluss auf dieses Netzwerk über kleine Umwege gekauft. Um diese Umwege zu verstehen, muss man einen kurzen Weg in die Anfangszeit von Facebook machen. Im Jahre 2003 entwickelte der Student Mark Zuckerberg den Vorgänger von Facebook mit dem Namen Facemash und stellte ihn ins Netz. Zu diesem Zweck hackte er sich in den Zentralcomputer seiner Universität und übernahm die Daten der zugelassenen Studenten, um für diese künstliche Profile anzulegen. Als kleines Bonbon für die Nutzer baute er ein Bewertungssystem ein, bei dem über die Attraktivität der weiblichen Nutzer abgestimmt werden konnte. Die entsprechende Aufmerksamkeit für diese Seite war ihm sicher und zugleich nicht nur den dort dargestellten Mädels ein Dorn im Auge, sondern auch der Universität, die den Hackerangriff ihres in diesem Bereich sehr talentierten Studenten schnell bemerkte. Ein Angriff übrigens, der sich heute in den offiziellen Darstellungen der Geschichte nicht mehr finden lässt. Hierfür muss man schon etwas „tiefer" graben, wie es so schön heißt.

Die Direktion der Harvard Universität meinte, in diesem Hacker-Angriff einen Verstoß gegen die eigenen Hausregeln zu sehen und sah zudem die Bürgerrechte verletzt. Immerhin wurden private und dem Datenschutz unterliegende Daten nicht nur abgegriffen, sondern öffentlich publiziert.

Mark Zuckerberg, der Student, der hinter dieser Hackerattacke stand, wurde zunächst vom Studium suspendiert und den Behörden gemeldet. Datendiebstahl ist in den USA ein Bundesverbrechen, obliegt also der dortigen überregionalen Ermittlungsbehörde, dem FBI.

Man weiß nicht, was in der wenige Tage später erfolgenden Vernehmung von Zuckerberg besprochen wurde oder ob er den herbeigerufenen Ermittlern der Bundesbehörden seine visionäre Vorstellung eines weltumspannenden Netzwerkes so vermitteln konnte, dass diese staunend ihre Vorgesetzten informierten und diese dann weitere Schritte einleiteten. Fakt ist aber, nur wenige Tage nach der Vernehmung bezüglich seines Hackerangriffes durch die Bundesbehörden war Zuckerberg wieder Student in Harvard. Ein weiterer Fakt ist, dass er zeitgleich mit dem heute noch existierenden Netzwerk Facebook begann und ebenso Fakt ist, dass er in dieser Zeit eine Kapitalspritze in Höhe von fast 13 Millionen US-Dollar zur Entwicklung dieses Netzwerkes von der Firma ACCEL Partners, einer professionellen Investmentfirma, erhielt.

Diese in Zuckerbergs Idee investierende Firma wurde verantwortlich geleitet von einem Mann mit dem Namen James W. Breyer. Ein Mann, der eine Bilderbuchkarriere hinlegte und dem nachgesagt wurde, rechtzeitig Trends zu erkennen und dann in diese zu investieren.

Dabei kam James, oder Jim wie ihn Freunde nennen, W. Breyer nicht durch Zufall auf seine Ideen, sondern war einer der Direktoren einer Firma, die sich NATIONAL VENTURES CAPITAL ASSOCIATION nannte. Eine Firma, die man als „Think-Tank" verstehen kann. Also einer professionellen Ideenschmiede, die nichts anderes tat, als Geschäftskonzepte zu entwickeln, aufzuspüren und zu optimieren, um diese dann lukrativ selbst zu vermarkten, zu betreiben oder mit Gewinn auszuschlachten. Eben eine übergeordnete Vereinigung für Risikokapitalgeber; Investoren in neue Geschäftskonzepte. Direkt gleichberechtigt als Direktor in dieser NATIONAL VENTURES CAPITAL ASSOCIATION fungierte in dieser Zeit neben James W. Breyer ein Mann mit dem Namen Gilman Louie. Beiden sagte man nicht nur eine geschäftliche Zusammenarbeit, sondern auch eine tiefe Freundschaft nach.

Doch was hat diese Ideenschmiede und Analysefirma für neue Geschäftskonzepte nun mit Facebook zu tun und vor allem, wie schließt sich der Kreis zu einer Einflussnahme der amerikanischen Geheimdienste bei Facebook?

Kurz bevor Breyers Firma ACCEL Partners die notwendige Finanzspritze zur Entwicklung von Facebook an Zuckerberg ausschüttete, fand die Vernehmung Zuckerbergs durch die Bundesbehörden statt, in der es um den Datendiebstahl für den Facebook Vorgänger Facemash ging.

Eine Illusion zu glauben, dass dieses Konzept und dieser überaus innovative Hackerangriff nicht auch auf den Schreibtisch der Geheimdienste gelang. Damaliger Chef von IN-Q-TEL, der, wie wir inzwischen wissen, offiziellen CIA Firma zum Zwecke von Investitionen in die Neuen Medien und neuen Technologien zur Datenerfassung und Abschöpfung, war Gilman Louie. Der aber, das wissen wir auch, saß in jener Zeit gleichberechtigt als Direktor neben James W. Breyer bei der NATIONAL VENTURES CAPITAL ASSOCIATION, jenem Think-Tank, der die sich bietenden Chancen auf dem Risikokapitalmarkt analysierte. Gab Gilman Louie seinem Freund James W. Breyer den Tipp, er solle in diese Idee eines Harvard Studenten investieren?

Möglich, aber viel wahrscheinlicher ist ein ganz anderes Szenario, nämlich dass sich James W. Breyer von Louie einspannen ließ, für die „Agency" bzw. die „Company" zu arbeiten. IN-Q-TEL investierte unmittelbar vor dem Investment Breyers Firma in Zuckerberg nämlich knappe 20 Millionen Dollar in Breyers Firma ACCEL Partners. Ungewöhnlich, dass eine Riskokapitalfirma in eine andere investiert.
Wollte die CIA eigene IN-Q-TEL damit verschleiern, dass eigentlich sie hinter dem Startkapital von Facebook steckt, da der kommende Erfolg dieses Netzwerkes bereits aus dem Konzept deutlich wurde und man kritische Nachfragen oder gar mögliche Ressentiments gegen das Netzwerk von vornherein vermeiden wollte?

Ein Verdacht, der noch aus einem ganz anderen Umstand genährt wird, denn James W. Breyer übernahm nicht nur das notwendige Investment in Zuckerberg und seine Idee von Facebook, sondern sicherte sich auch gleich einen der Direktorenposten dieses Netzwerkes und war ab dann zuständig für den Datenschutz und die Verwaltung der Nutzerdaten.

Dieses Geflecht ist sicher alles andere als einfach, aber lässt sich kurz und prägnant zusammenfassen: Zuckerberg begeht ein Bundesverbrechen, wird kurz nach seiner Vernehmung wieder in den Stand vor diesem Verbrechen zurück versetzt und plötzlich mit Geld ausgestattet, um seine Idee (die ja eigentlich in eben diesem Bundesverbrechen mündete) professioneller und deutlich offensiver in die Tat umzusetzen. Das Geld kam dabei von einer Investmentfirma, die unmittelbar vor diesem Investment, entgegen jeglichem Usus, genau dieses Geld und einen weiteren Obolus von einer Firma erhielt, die der direkten Kontrolle des amerikanischen Geheimdienstes untersteht. Da wird doch keiner annehmen, dass hier indirekte Verflechtungen bestehen, oder....?

Natürlich kann man jetzt leichtfertig diesen indirekten Zusammenhang zwischen dem sozialen Netzwerk Facebook und den amerikanischen Sicherheitsbehörden als „Spekulation" abtun oder als „Verschwörungstheorie" beschimpfen. Ja, sicher, es fehlt der direkte und offenkundige Beweis.

Aber liest man einige Schlagzeilen und Nachrichten der vergangenen Jahre und Monate vor dem Hintergrund dieses Wissens, dann ist dieser Zusammenhang gar nicht mehr so weit hergeholt. Erst recht, wenn man sich dabei ansieht, welchen Einfluss Facebook inzwischen auch auf das Weltgeschehen und die Weltpolitik hat:

Der „Arabische Frühling" - Jene Zeit vor einigen Jahren, in denen sich nacheinander und Land für Land Studenten und vor allem junge Menschen gegen ihre bisherigen Machthaber erhoben. Libyen, Tunesien, Ägypten; Überall fielen die Machthaber durch landesweite und gut organisierte Protestwellen. Einer der Hauptkanäle, über die sich die Studenten und Menschen organisierten war dabei Facebook.

Selbst in China kam es nach Aufrufen im sozialen Netzwerk zu gut koordinierten Aufständen und Revolten gegen die Machthaber, sodass der Zugang zu Facebook schließlich eingeschränkt werden musste, was umgehend zu einem Abklingen dieser drohenden Revolution führte. In Syrien ließ Assad ebenfalls den Zugang zu Facebook zeitweise sperren und konnte damit das Ausufern der Demonstrationen stoppen. Erkannten diese Führungsriegen, welche Macht das Netzwerk hatte und vor allem, entsprach es nicht dem erklärten außenpolitischen Willen der USA, dass genau diese Umstürze stattfanden oder stattfinden sollten?

Ist es da wirklich so weit hergeholt anzunehmen, dass Mitarbeiterstäbe in der CIA Zentrale damit beschäftigt waren, diese Koordination durchzuführen und in die richtigen Bahnen zu lenken? Öl ins ohnehin schwelende Feuer zu gießen? Immerhin wäre dies mit einem Zugang zu den Nutzerdaten ein leichtes Spiel und dass genau dieser Zugang vorliegt dürfte ausnahmsweise keine Spekulation sein....

Natürlich könnte man jetzt ebenso die Frage stellen, warum denn deutsche Datenschützer oder deutsche Behörden nicht auch diese Fragen aufgeworfen haben und damit zu einem deutlich vorsichtigeren Umgang mit dem Netzwerk mahnten. Doch hat man wirklich Interesse daran? Möchte man wirklich die regelmäßige und fleißige Nutzung dieser Datenbank, in der fast jeder zweite Wahlberechtigte in Deutschland seinen Standort übermittelt, Bilder postet und ungehemmt kommuniziert reduzieren oder nicht lieber doch davon profitieren? Denn genau das machen auch deutsche Sicherheitsbehörden: Einige Bundesländer bedienen sich Facebook und deren Bilderkennungssoftware, um Radarfotos den entsprechenden Personen zuzuordnen, Strafverfolgungsbehörden prüfen bei Facebook und in den entsprechenden Profilen, wo sich ein Verdächtiger gerade aufhält und nicht zuletzt werden über Freundeslisten Verdächtige observiert und potentielle Mittäter gesucht. Strafverfolgung 2.0 dank dieses Netzwerkes.

Vielleicht erscheint vor diesen Hintergründen der Kauf des Kurznachrichtendienstes WhatsApp durch Facebook auch in etwas anderem Licht. Denn immerhin können so jetzt auch regelmäßig genutzte Telefonnummern den Nutzern zugeordnet werden. Und was man damit anstellen kann (Stichwort: Handyortung) dürfte selbst kühnste Erwartungen übertreffen. Willkommen in der schönen, neuen Welt.

Doch bevor Sie jetzt ihren Account bei Facebook löschen oder vorschnell diese Seite meiden, die eben aufgezählten Zusammenhänge lassen keinen eindeutigen Schluss zu. Vielmehr ging es darum, die Frage zu beantworten, warum die so perfekt lancierten, regelmäßigen „Warnungen" vor diesem Netzwerk nicht die ganze Wahrheit sagen und entscheidende Hintergründe unbeantwortet lassen. Oder möchte man gar nicht, dass hier alles ans Licht kommt? Diese Frage zu beantworten überlasse ich nun aber Ihnen....

***

„Politik ist die Kunst, von den Reichen das Geld und von den Armen die Stimmen zu erhalten. Beides unter dem Vorwand, den einen vor den anderen beschützen zu wollen."

Anonym

Digital geht es weiter

Dass an dem eben dargestellten Zusammenhang zwischen sozialem Netzwerk und den Sicherheitsbehörden und nicht zuletzt dem gezielten Verschweigen dieser möglichen Verstrickung mehr als nur eine Vermutung dran ist, zeigt auch dieses Kapitel, welches sich einer Meldung der Nachrichtenagentur AP bedient, die überraschenderweise kaum Niederschlag in den deutschen Medien fand, obwohl (*oder vielleicht gerade weil?*) sie äußerst eindrucksvoll demonstriert, wie mit Hilfe des Internets ganz gezielt Revolten und Aufstände geschürt werden. Fragen Sie sich doch selbst, warum diese Meldung Sie vermutlich nicht erreichte (obwohl sie über den ganz offiziellen Ticker der Agenturen lief):

Wie sich herausstellte, wurde der bereits im Jahre 2009 gegründete Kurznachrichtendienst mit dem Namen „ZunZuneo", der eine vergleichbare Funktionsweise wie Twitter aufweist und ausschließlich in Kuba verbreitet ist, mit den Geldern aus dem Entwicklungshilfetopf der USAID finanziert. Geld also, welches dazu gedacht war, Lebensmittel, Schulbildung und ärztliche Versorgung für arme Kubaner sicher zu stellen. Denn die USAID ist offiziell eigentlich eine Entwicklungshilfeagentur. Doch über mehrere Umwege und wie jetzt herauskam auch durch Mittelsmänner im Bankensektor gelangte das Geld zwar nach Kuba, aber nicht wie vorgesehen für humanitäre Zwecke, sondern für den Aufbau dieses Kurznachrichtendienstes.

Twitter war im Jahre 2009 auf Kuba noch als amerikanisches Netzwerk verpönt und so sollte ZunZuneo (so nennen Kubaner den Ruf des Kolibris; was ein Zufall, auch ein Vogel, wie bei Twitter) speziell in Kuba die Aufgabe übernehmen, Sportmeldungen, Wettermeldungen und allgemeine Nachrichten der Nutzer untereinander zu verbreiten. Nachdem die kubanische Telefongesellschaft zu diesem Zweck ca. 500.000 Handynummern an die Betreiber herausgab, konnte 2010 also dieser Dienst groß angelegt starten.

Was damals noch keiner wusste war der Umstand, dass die Betreiber sehr enge Verflechtungen mit den amerikanischen Behörden hatten. Denn wie jetzt in einer offiziellen Anhörung vor dem US Kongress herauskam, hatte die USAID von vornherein das Ziel verfolgt, mit Hilfe dieses Kurznachrichtendienstes zu *„spontanen Demonstrationen"* aufzurufen und „ein Übergangsprozess zum demokratischen Wandel" anzuschieben. So sagte es der Leiter der staatlichen Entwicklungshilfeorganisation USAID in der Anhörung zu diesem Thema vor dem amerikanischen Kongress. Als neugierige und über diese indirekte Einmischung teilweise schockierte Senatoren nachfragten, wie denn überhaupt dieses Geld derart zweckentfremdet werden konnte, immerhin überwache doch Kuba alles sehr genau, war die Überraschung nicht wesentlich geringer. Denn hier zeigte sich, auf was amerikanische Sicherheitsbehörden zugreifen können: Es wurde mit Strohfirmen gearbeitet, eigens Büros in verschiedenen Staaten eingerichtet und von dort aus dann kleinere Beträge ganz gezielt nach Kuba geschleust, um die entsprechende Infrastruktur für diesen Kurznachrichtendienst aufzubauen.

Entgegen der Erwartungen beim Aufbau dieses Dienstes und dem großzügigen Zurückgreifen auf immerhin etwa 500.000 Daten von Telefonkunden auf Kuba waren nach zwei Jahren Aktivität dieses Kurznachrichtendienstes nur etwa 68.000 Nutzer angemeldet, von denen nur ein kleiner Teil regelmäßig und aktiv die Seite nutzte. Ob die Nutzer ahnten, dass Amerika mitliest und mit Hilfe von falschen Profilen zu Revolten anstacheln wollte? Wer weiß, aber diese Meldung zeigt trotz ihrer Brisanz (immerhin ein deutlicher Beleg dafür, wie weit amerikanische Behörden auch im Ausland gehen, um ganze Regierungen zu destabilisieren) eindrucksvoll, dass wir trotz unserer „aufgeklärten Welt" noch längst nicht jede Nachricht vorgesetzt bekommen. Zumindest dann nicht, wenn sie unsere „Verbündeten" betrifft. Oder haben Sie von diesem Skandal, der sich Anfang April 2014 ereignete, aus Ihren Nachrichten oder Zeitungen etwas erfahren? Nicht? Machen Sie sich keine Sorgen, vielleicht wollte man Sie nur nicht beunruhigen....

***

„In der Politik geht es nicht darum, recht zu haben,
sondern recht zu behalten."

Konrad Adenauer

Bewusst getäuscht, vorsätzlich gelogen oder nur „einfach" verschwiegen?

Natürlich kann und sollte man einer Zeitung oder dem Sender seines Vertrauens keinen Vorwurf machen, wenn er Meldungen nach seinem Gutdünken gestaltet oder die Entscheidung trifft, eine Nachricht zu senden oder nicht. Im Tagesgeschäft geht es darum, Geld zu verdienen und dieses Geld kommt in der Regel nicht von Abonnenten, sondern von den Werbeschaltungen. Da kann es schon mal vorkommen, dass die Berichterstattung über schädliche Inhaltsstoffe einer Margarine oder einer Tagescreme unter den Tisch fällt, wenn dieses Produkt ausgerechnet einem Konzern zuzurechnen ist, der regelmäßig teure Werbespots oder ganzseitige Anzeigen bucht. Ist das erlaubt?

Ja, natürlich. Denn Medien haben zwar eine Aufgabe, aber sie gehören eben auch Eigentümern, die damit Geld verdienen wollen. Das Ideal, dass es eine Redaktion gibt, die sich der Wahrheit verpflichtet fühlt und nur um der Wahrheit willen recherchiert oder informiert, mag im Fernsehen in Spielfilmen gut ankommen, ist jedoch in der heutigen Zeit realitätsfern.

Natürlich darf jetzt der Einwand kommen, dass es doch dann noch die „öffentlich-rechtlichen" Medien gibt, die eigentlich unabhängig sind. Eigentlich, denn auch diese halten sich in den letzten Jahren auffällig mit einer sachlichen politischen Berichterstattung zurück. Nicht zuletzt weil es gerade unter den ersten Regierungen Merkel mehrmals vorgekommen ist, dass Redakteuren oder Journalisten bestimmter Medienhäuser keine Einladung mehr zu den Kanzlerreisen zugesandt wurde. Denn es ist Tradition, dass bei Staatsvisiten oder Reisen hoher Regierungsangehöriger in der offiziellen Maschine der Luftwaffe auch Journalisten mitreisen dürfen, die dann auf diesen Reisen die Gelegenheit haben, deutlich ausführlicher Fragen zu stellen oder an das begehrte Exklusiv-Interview zu kommen. Und wer unbequem ist, der muss eben am Boden bleiben und sich mit den kurzen Pressekonferenzen zufrieden geben.

Interessen, die es zu berücksichtigen gilt und die immer mehr Einfluss darauf nehmen, was und wie wir etwas erfahren. Dabei orientiert sich die Ausrichtung der Berichterstattung immer daran, was gerade „bequem" ist. Glauben Sie nicht? Dann versuchen Sie sich doch einmal an die gerade erst zurück liegende Berichterstattung über die Konflikte in der Ukraine zu erinnern. Denn daran zeigt sich deutlich, wohin die Reise geht – wie es sprichwörtlich so schön heißt.

Fakt ist, dass der Westen ein starkes Interesse daran hat, einen Fuß in die Ukraine zu bekommen. Nicht nur laufen dort die Lebensadern was die Gasversorgung angeht entlang, nein, strategisch gesehen ist die Ukraine ein hervorragender Ort, um die umliegenden „potentiellen Gefahrenherde" zu überwachen. Da kam es dem Westen alles andere als Recht, als der damalige Präsident Janukowitsch die Abkehr seiner europafreundlichen Gesinnung erklärte und sich wieder hoffnungsvoll an Mütterchen Russland anlehnte. Ein Aufschrei des Entsetzens ging durch den Westen und eine massive Protestbewegung entstand, die den Namen des Platzes erhielt, auf dem sie in Kiew regelmäßig demonstrierte: Maidan.

Jetzt findet sich in diesem kleinen Buch kaum der Platz, um jede Einzelheit dieses Musterbeispiels an Fehlinformation, Vertuschung und gezielter Manipulation zu erläutern. Einige besonders hervorstechende Fakten jedoch seien an dieser Stelle näher betrachtet.

Fakten, die noch gut in Erinnerung sein dürften und an denen deutlich wird, welche peinlichen Schnitzer den unterschiedlichsten Medien hier widerfuhren, wenn es darum ging, die Öffentlichkeit alltäglich oder allabendlich in den Hauptnachrichtensendungen zu informieren.

Können Sie sich daran erinnern, wie es hieß, Angehörige der „Maidan-Bewegung" (diesen Beinamen hat die Schar der Demonstranten bezeichnenderweise aus dem Westen erhalten) seien beschossen worden? Scharfschützen des regierenden Janukowisch hätten wild in die Masse geschossen und dabei nicht nur zahlreiche Personen verletzt, sondern gar getötet?

Schlagzeilen, die zugegeben Angst machten. Immerhin galt die Ukraine über Jahre hinweg als stabile Region und jetzt soll dort ein Bürgerkrieg drohen? Eine solche instabile Lage inmitten von Europa, wie man nie müde wurde zu behaupten, könnte schnell überschwappen und einen Flächenbrand auslösen. Doch schauen wir uns an, wie es zu dieser Instabilität gekommen ist, denn hier sollte der Westen nicht mit dem Zeigefinger auf Russland zeigen, sondern sich selbst fragen, was er dazu beigetragen hat:

Am 21. November 2013 fanden in der Ukraine Stichwahlen über die Präsidentschaft statt, nachdem es zuvor einige Unregelmäßigkeiten gab, sodass dieser Wahlgang erforderlich wurde. Ein Ereignis also, das noch nicht wirklich so ungewöhnlich ist. Um den sicheren und angemessenen Verlauf dieser Wahl sicher zu stellen, entsandte der Westen unabhängige Wahlbeobachter in einige Städte, die die Wahlen beobachten sollten.

Am 22. November 2013 wurde von der staatlichen Wahlkommission der Ukraine mitgeteilt, dass nach Auszählung von 90% der abgegeben Stimmen der pro – russische Kandidat Viktor Janukowitsch mit 49,42% der Stimmen in Führung liegt. Der Herausforderer der pro – westlichen Opposition kam hiernach auf fast 47% der abgegebenen Stimmen. Ein sehr knappes Ergebnis, wie man an den Zahlen ablesen kann. Aber auch ein Ergebnis, mit dem man, sofern man die Absicht hegt, die Ukraine in Richtung Westen abzudrängen, „arbeiten" kann. Denn kaum waren diese Zahlen veröffentlicht, begannen Medien in ganz Europa damit ihre Meinung zum Ergebnis mitzuteilen, immerhin standen diese Wahlen und sehr starkem Medieninteresse, galt es doch festzustellen, ob die Ukraine in Zukunft die Annäherung an den Westen vollzieht, oder sich weiter an Mütterchen Russlands Brust schmiegt. Und genau hier begann, das Unheil seinen Lauf zu nehmen:

Nachdem diese vorläufigen Zahlen veröffentlicht wurden und der pro-russische Janukowitsch demnach der Sieger dieser Wahlen war (wenn auch nur mit hauchdünnem Vorsprung) tauchten in den westlichen Medien umgehend Vorwürfe auf, bei dieser Wahl sei von Betrug auszugehen. Vom Westen finanzierte und in die Ukraine entsandte Beobachter hätten in Nachwahlbefragungen festgestellt, dass der Stimmenanteil für den pro-westlichen Kandidaten deutlich höher sein müsste, Janukowitsch also gar nicht gewonnen hätte.

***

Zur kleinen Erläuterung sei angemerkt, dass diese „Nachwahlbefragungen" stichprobenartig stattfinden und dann auf die Gesamtheit der Wähler hochgerechnet werden. Man befragt Wähler, die aus dem Wahllokal kommen, wem sie ihre Stimme gegeben hätten und hinterfragt einige demografische Daten, wie Alter, Einkommen, Beruf und wem sie bei der letzten Wahl ihre Stimme gaben. Damit gewichtet man dann diese Stimme und rechnet es auf die Gesamtheit der Wahlberechtigten hoch.

***

Doch jeder Statistiker wird, was die Genauigkeit dieser Befragungen angeht, äußerst zaghaft sein, mit diesen Zahlen zu arbeiten, denn die Fehlerquote ist gleich aus mehreren Gründen enorm: Zum Einen gibt es bei diesen Befragungen einen unterschwelligen Druck auf die Befragten. Das heißt, die Befragten werden dann etwas anderes sagen, wenn sie davon ausgehen, dass ihre Antwort unter Umständen einen negativen Eindruck hinterlassen könnte. Man antwortet in einem solchen Fall eher so, wie man es für gewünscht hält, zumindest wenn man als „gemäßigt" gelten möchte. Sie können dies auch in Deutschland regelmäßig bei Wahlen beobachten: Die kleinen und teilweise radikalen Parteien will bei einer Nachwahl-Befragung keiner gewählt haben und doch erhalten diese dann im amtlichen Endergebnis teilweise stattliche Stimmenanteile. Zum anderen bergen diese Befragungen gerade dann, wenn man nicht über ein flächendeckendes Netz dieser „Befrager" verfügt, welches regionale Besonderheiten berücksichtigt und auch in den Bezirken ist, die traditionell konservativ wählen, große Fehlerquoten, gerade wenn das Ergebnis am Ende ein Kopf an Kopf Rennen ist, wie es in der Ukraine der Fall war.

Denn angesichts der Zahl der Wahlberechtigten und abgegebenen Stimmen war dieser nur knapp 3 prozentige Unterschied zwischen pro-russischem Kandidaten und pro-westlichen Kandidaten eine Frage von mehreren zehntausend Stimmen. Und die Zahl derjenigen vom Westen entsandten Beobachter und Befrager konzentrierte sich auf die Städte.

Dies ist aber vergleichbar mit Bayern, von dem wir wissen, dass dort die CSU bei Landtagswahlen den haushohen Sieg auf Dauer gepachtet hat: Würde man jetzt diese Nachwahlbefragungen nur in München, Augsburg und Nürnberg durchführen, dann müsste die SPD nach jeder Wahl von „Fälschung" oder „Manipulation" sprechen, denn in den Städten liegt sie teilweise gleichauf mit der CSU und doch sind im Endergebnis zweistellige Prozentzahlen zwischen der siegenden CSU und der unterlegenen SPD. Wie das kommt? Ganz einfach, weil die Bevölkerung auf dem Land in Bayern traditionell anders wählt, als die Bevölkerung in der Stadt. Das ländliche Streben nach gleichbleibenden Verhältnissen und die dortige Angst vor Veränderungen ist eben anders als die risikobereite Bevölkerung in den Städten, die auch gern mal einen „frischen Wind" durch die Gassen wehen sehen möchte. Oder kurzum: Die Stadtbevölkerung ist deutlich weltoffener als die Landbevölkerung.

Dies sei ohne jede Wertung gesagt, nur eben um zu verdeutlichen, wie groß die Unterschiede sein können und dass diese Nachwahlbefragungen nur dann funktionieren, wenn flächendeckend befragt wird.

So aber war es in der Ukraine nicht am 21. November 2013. Die vom Westen entsandten Beobachter und Befrager konzentrierten sich auf die Städte und hatten schon logistisch nicht die Möglichkeit, sich auf jede ländliche Region (von der es in der Ukraine, wie auch in Bayern, welches als Verlgeichsbeispiel diente, sehr viel gibt) zu konzentrieren. Was also waren diese stichprobenhaften Befragungen wert? Für einen seriösen Wissenschaftler sehr wenig, da eine Ungenauigkeit ungeahnten Ausmaßes hier eingeflossen ist, vor deren Hintergrund dieses Wahlergebnis doch sehr überraschend sein musste. Jedoch überraschend aus einem anderen Grund, als sie vielleicht jetzt annehmen, denn es überraschtre doch viel mehr, dass der unterlegene pro-westliche Kandidat es doch schaffte, *überhaupt* so viele Stimmen zu bekommen, dass der Wahlausgang derart knapp war, ist doch die Landbevölkerung in der Ukraine eine nicht zu unterschätzende Macht.

Aber die westlichen Politiker und die getreuen Medien hinter ihnen interessierten sich nicht für wissenschaftliche Auswertungen und Genauigkeiten, sondern nutzten diese Befragungen in den Städten, in denen der pro-westliche (also der eigentlich gewünschte) Kandidat vor dem pro-russischem Kandidaten lag und sprachen nun von Wahlmanipulation, Fälschung und Betrug am Wähler.

Jetzt können Sie sich selbst ausmalen, wie die Reaktionen darauf in der Ukraine und bei den fast 47% der Wähler war, die ihren Kandidaten eben nicht gewinnen sahen. Oder anders gefragt, wie würden *Sie* reagieren, wenn Sie bei der Bundestagswahl einen Lieblingskandidaten haben, dieser Kandidat auch von ihrem Umfeld geliebt und favorisiert wurde und dann doch der Gegner gewinnt, den Sie nun überhaupt nicht leiden können? Und das noch mit einem hauchdünnen Vorsprung. Und stellen Sie sich dann vor, die ausländischen Medien, die Sie durch Zufall mitbekommen würden dann sagen, es wäre nicht mit rechten Dingen zugegangen? Es würde nicht mehr viel dazu gehören und Sie würde nicht zögern, mit Ihren Freunden, Bekannten und Kollegen auf die Straße zu gehen und Ihrem Unmut Luft zu machen... Schön, wenn dann noch so prominte Weltpolitiker wie Barack Obama, David Cameron oder die EU lautstark sagen, sie werden das Wahlergebnis in der Ukraine nicht anerkennen. Wasser auf die Mühlen der Wahlverlierer.

Sehen Sie, nichts anderes ist in der Ukraine passiert, nur konnte die dortige, gerade eben unterlegene Opposition auf zusätzliche massive finanzielle Mittel zurück greifen, um die Botschaft der ausländischen Medien, die von „Fälschung" und „Betrug" sprachen, auch an die Bürger zu transportieren, die ansonsten keine Gelegenheit hatten, diese Botschaften zu erfahren.

Da kam es auch gerade Recht, dass ein so prominenter Boxweltmeister wie Klitschko sich dazu hinreißen ließ, öffentlichkeitswirksam seine Boxhandschuhe an den Nagel zu hängen und sich auf die Seite der pro-westlichen Demonstranten zu stellen. Nur waren diese Demonstranten wirklich in der Mehrheit, wie das Bild gern durch den Westen lanciert wurde?

Eher nicht, wie Sie auch besser verstehen können, wenn Sie sich an „Stuttgart21" erinnern und die zahlreichen Demonstrationen, die es dort vor einigen Jahren gab. Wenn man als „Nicht-Suttgarter" regelmäßig die Nachrichten sah und die Zeitungen las, musste man denken, dass ganz Stuttgart gegen dieses Bauprojekt war und die Stadt im Zusammenspiel mit Land und Bahn einen Bahnhof errichten will, der deutlich gegen den Mehrheitswillen ist. Derart deutlich war die Berichterstattung. Als dann schließlich die Volksabstimmung über dieses Bauprojekt am 27. November 2011 erfolgte kam jedoch ein ganz anderes Bild zum Vorschein: Denn obwohl davon ausgegangen werden kann, dass die Gegner dieses Bahnhofs alle ihre Anhänger mobilisieren konnte lag die Wahlbeteiligung für diese Abstimmung bei gerade einmal weniger als 50% und davon entschieden sich dann noch knapp 60% für dieses Projekt. Obwohl die Befürworter des Bahnhofes sicher lang nicht die Mobilisierung erreichten, als es die Gegner taten. Aber es zeigt, dass der monatlang dargestellte Unwillen gegen dieses Projekt längst nicht die Mehrheitsmeinung war. Selbst in Stuttgart Stadt, also der Stadt, in der dieses Projekt geplant war, waren die Befürworter deutlich in der Überzahl...

Wie Sie sehen muss es also noch längst nicht wirklich der Mehrheitswillen sein, wenn über Demonstrationen bzw. die Forderungen der Demonstranten berichtet wird. Nur ist es so, dass die eine Gruppe ihre Anhänger mobilisert bekommt, während die andere Gruppe es sich lieber zu Hause im warmen Wohnzimmer gemütlich macht. Immerhin reden wir hier von Demonstrationen im kalten ukrainischen Winter. Wir erinnern uns an die gezeigten Bilder in jenen Tagen: Demonstranten eingehüllt in Decken und sich an brennenden Tonnen wärmend, die in die Kameras der westlichen Journalisten sagten, wir harren so lange aus, bis Janukowitsch, der pro-russische Wahlsieger, endlich aus dem Amt verschwindet. Wohlgemerkt, man forderte nicht mehr nur Neuwahlen und ignorierte das bisherige Ergebnis, sondern man forderte, er solle aus dem Amt „verschwinden", lautstark unterstützt von Klitschko & Co.

Es verging kaum ein Tag, in denen nicht eine Titelseite ein entsprechendes Bild zeigte oder die Nachrichtensendungen live auf den Maidan in Kiew schalteten, begleitet von Nebenberichten über Forderungen westlicher Politiker, der regierende Janukowitsch solle einlenken oder sich etwas einfallen lassen. Der Westen ergriff offen Partei für die Seite, die ihm den größten Nutzen, nämlich die Annäherung an seine Seite und die Abkehr von Russland versprach.

Doch dann, nach sehr ereignisreichen Wochen, geschah am 20. Februar 2014 etwas, das schließlich das Fass zum überlaufen brachte: Auf die Demonstranten der Opposition auf dem Maidan Platz wurde geschossen. Es gab zahlreiche Tote und Schwerverletzte. Eine Welle der Entrüstung ging um die Welt und man zögerte nicht davon zu sprechen, Janukowitsch lässt auf eigene Landsleute schießen. Diese Nachricht wurde zum Selbstläufer und der Druck der internationalen Gemeinschaft auf den Präsidenten nimmt massiv zu. Zwei Tage später schließlich, am 22. Februar 2014 reist Janukowitsch in den Osten der Ukraine und taucht unter. Endlich ist das Amt frei und die Opposition zögert nicht, es zu ergreifen und zu besetzen. Endlich hat der Westen seine Wunschkandidaten in den Schlüsselpositionen platziert und sofort werden unumkehrbare Schritte eingeleitet, die dauerhaft darauf aus sind, die Einflussmöglichkeiten anderer Richtungen zu beschränken. Als kleine „Belohnung" erhält dann die neue „Regierung" der Ukraine auch direkt mehrere Milliarden Dollar aus dem Topf des Internationen Währungsfonds und von der Europäischen Union...

Natürlich wissen wir, was danach geschah. Denn die bislang schweigende, pro-russische Mehrheit tat es jetzt dem Vorbild der Opposition gleich und gin in den verschiedenen Hochburgen ihrer politischen Richtung mit den selben Plakaten für Neuwahlen, Freiheit und Demokratie, die auch die Maidan Bewegung wenige Wopchen zuvor noch genutzt hatte, auf die Straßen. Doch wer denkt, diese Bürger erhielten eine ebensolche Berichterstattung wie die Vorbilder der pro-westlichen Opposition, der irrt gewaltig.

Denn plötzlich waren in westlichen Medien Sätze wie „Gewaltsame Seperatisten greifen zur Gewalt" oder „Terrorgefahr in der Ukraine" zu lesen und es waren auch keine Bürger, die dort auf die Straße gingen, sondern in den Augen der großen Sender und Redaktionen „gewaltbereite Radikale", die vom bösen Russland „ferngelenkt" wurden.

Nur wo war der Unterschied? Hatten diese Bürger nicht auch das Recht ihren Unmut darüber auszudrücken, dass ihnen der ursprüngliche Wahlsieg unter den Augen der Weltöffentlichkeit genommen wurde? Ach richtig, es gab Unterschied: Ihr Kandidat, der ursprüngliche Sieger, war kein Freund einer Annäherung an die Europäische Union und Amerika....

Es dauerte einige Wochen, bis die Schüsse auf dem Maidan Platz, die immerhin Auslöser für das hastige Verschwinden des Wahlgewinners Janukowitsch waren, aufgeklärt wurden. Es wurden Videos analysiert, die mit Mobiltelefonen gemacht und dann ins Netz gestellt wurden, Funksprüche ausgewertet und nicht zuletzt die Patronenhülsen einer genauen Untersuchung unterzogen. Wohlgemerkt, diese Schüsse waren es, nach denen der internationale Druck und das Androhen von Sanktionen derart groß wurden, dass der gewählte Amtsinhaber das Amt verlassen musste. Doch floh er tatsächlich nur, weil diese Verantwortung für die Schüsse dazu geführt hätten, dass das Land mit ihm an der Spitze in der internationalen Isolation verharren würde? Wie die inzwischen aufgedeckten Fakten zeigen, wohl nicht, eher im Gegenteil...

Denn inzwischen wurde der von Amateurfunkern aufgezeichnete Funkverkehr der Scharfschützen Janukowitschs auf den Dächern um den Maidan Platz veröffentlicht und danach weigerten sich diese zu schießen. Es ist darin sogar zuhören, dass man nicht auf eigene, unbewaffnete Landsleute schießen wolle. Als dann Schüsse fielen nahm der Funkverkehr dramatisch zu und jeder fragte den anderen, ob er es wäre, der eben geschossen hat. Eine Bestätigung dafür gab es hingegen keine... Dafür aber geben die Videoaufzeichnungen von Mobiltelefonen eine Menge her. Sie zeigen nämlich, dass die Schüsse auf die Demonstranten aus den Fenstern eines Hotels abgegeben wurden. Eigentlich kein großer Unterschied werden Sie jetzt denken. Ob vom Dach oder aus Fenstern. Richtig, aber der Unterschied ist, dass es jenes Hotel war, welches Tage zuvor von genau dieser demonstrierenden Oppositionsbewegung vereinnahmt wurde und in dem die Journalisten des Westens untergebracht wurden. Deshalb gerade dort, weil sie von dort aus die ideale Sicht auf den Platz und die Geschehnisse hatten und von dort aus die optimalsten Aufnahmen für die jeweiligen Sender machen konnten. Die Etage, aus der geschossen wurde, war der neunte Stock. Inzwischen weiß man, dort waren die amerikansichen Journalisten und Medienvertreter untergebracht.

War hier ein Aufschrei in den westlichen Medien zu lesen oder zu hören? Wurden die Videos, die genau diese Schüsse aus den quasi eigenen Reihen belegen, von den Sendern übertragen?

Fehlanzeige, man ignorierte, die äußerst unbequemen Fakten. Hätte man doch damit zugeben müssen, dass man selbst einer gezielten Propaganda erlegen war und wochenlang die Zuschauer oder Leser mit Unwahrheiten angefüttert hätte. Nein, es verkaufte sich besser, wenn der Präsident auf das eigene Volk schießen lässt.

Doch mit der Kenntnis allein um dieser Fakten gerät der ganze Konflikt in der Ukraine in ein anderes Licht und es zeigt sich, dass die derart verzerrte Berichterstattung des Westens vermutlich beispiellos in der jüngeren Geschichte ist.

Natürlich sind die Hintergründe um die Schüsse nicht der einzige Punkt, an dem deutlich wird, dass hier eine ganze Journalistenschar einer gesteuerten Kampagne zum Opfer fiel. Doch jeder einzelne dieser weiteren, zweifelhaften Fälle hier aufzuzählen, würde den Rahmen dieses Buches sprengen und wir wollen dieses Kapitel auch nicht ausufern lassen. Dennoch einige weitere, interessante Fakten und die Hintergründe in Kürze:

- Das ZDF berichtete in seinen heute – Nachrichten am 28. März 2013 von einer Großdemonstration gegen den gestürzten Präsidenten Janukowitsch in Kiew. Dazu wurden Bilder eingespielt, in denen etwa 1000, teils vermummte Deomonstranten zu sehen waren. Während die Bilder gezeigt wurden, wurde folgende Wortmeldung dazu eingespielt: „In der Ukraine gab es erneut Demonstrationen gegen den gestürzten, pro-russischen Präsidenten Janukowitsch. Der hatte heute aus dem russischen Exil zu Volksabstimmungen in allen ukrainischen Regionen aufgerufen."

Die Wahrheit jedoch sieht ganz anders aus: In Wirklichkeit waren es rechtsgerichtete Demonstranten, die gegen die aktuelle Regierung und insbesondere den Innenminister demonstrierten. Dies berichtete zu den gleichen Bildern und zur gleichen Demonstratration die britische BBC, aber auch der vom ZDF benachbarte deutsche öffentlich-rechtliche Sender, die ARD in ihren Tagesthemen. Am Folgetag ähnliche, wahrheitsgemäße Berichte in den Tageszeitungen, unter anderem der TAZ.

- Das ZDF hatte ohnehin in der gesamten Ukraine Krise eine – um es vorsichtig auszudrücken - ganz *besondere* Art der Berichterstattung, wie inzwischen zweifellos festeht. Denn, wie das ZDF inzwischen selbst bestätigt, arbeitet es bei der Berichersttung sehr eng mit dem USMC zusammen, dem „Ukrainian Crisis Media Centre", einer privaten Institution, die es sich in die Satzung geschrieben hat, gegen russische Porpaganda vorzugehen.

Dabei werden Filmbeiträge, bequemerweise gleich fertig geschnitten, zur Verfügung gestellt, es werden Bilder geliefert und alles an die Journalisten weiter gereicht, was die Arbeit „erleichtert", Interviewpartner inklusive. Natürlich ist es keine Ausnahme, dass in einem Krisenland oder in einem Land in einer Krisensituation, Pressezentren eingerichtet werden, in denen sich dann die Journalisten versammeln und ihre Ergebnisse auswerten können. Eine Ausnahme ist es allerdings, dass derartige Zentren privat betrieben werden und einflussreichen Finanzmagnaten gehören. Denn das USMC wird unter Anderem finanziert durch George Soros, seines Zeichens erfolgreicher Spekulant mit ganz besonderem Interesse an ganz bestimmten Machtverhältnissen. Nicht zuletzt erlangte Soros bedeutenden (wenn auch zweifelhaften) Ruhm, als er massiv gegen das Britische Pfunden auf dem Devisenmarkt wettete und damit Milliarden von Dollar scheffelte. Da darf die Randbemerkung erlaubt sein, dass ähnliche Wetten auch auf den russischen Rubel möglich sind und bei einem militärischen Konflikt dieser russische Rubel massiv im Wert verlieren würde. Hat ein Zocker erneut gewettet und setzt jetzt alles daran, diese Krise derart zu verschärfen...? Ein anderer finanzieller Gönner dieses USMC ist der ehemalige Führer und Vorsitzende (obwohl „Führer" es wohl in dem Fall besser trifft) der ukranischen faschistischen Bewegung. Natürlich die genau richtigen Partner für die Berichtertattung. Selbst die kritische Wochenzeitung „Der Freitag" stellte dazu am 07.04.2014 fest:

„*Ukraine-Berichte. Das ZDF gibt zu, Pressematerial eines PR-Netzwerkes gegen "russische Propaganda" zu benutzen, das die Kiewer Regierung mittels einer Image-Kampagne unterstützen soll.*

Das Ukrainian Crisis Media Center Das ZDF arbeitet in seiner Berichterstattung über die Ukraine-Krise eng mit dem Ukrainian Crisis Media Center (UCMC) zusammen: einem internationalen PR-Netzwerk gegen "russische Propaganda". Finanziert wird die PR-Kampagne u.a. von George Soros, der ukrainischen Übergangsregierung und einer ukrainischen Tochtergesellschaft von Weber Shandwick, dem weltweit führenden PR-Unternehmen.

Ziel des Ukrainian Crisis Media Center (UCMC):

Ziel des UCMC ist es, v.a. folgende Botschaften weltweit in der internationalen Presse zu verankern:

- *Die Ukraine ist Opfer einer "russischen Aggression",*
- *die ukrainische Übergangsregierung ist legitim,*
- *die Behauptung einer rechtsradikalen Gefahr ist Teil der russischen Propaganda,*

•*der Verdacht, die Erschießungen von Polizisten und Demonstranten des Maidan seien im Auftrag der jetzigen Regierungskoalition geschehen, ist Teil der russischen Propaganda.*

Das ZDF und das PR-Netzwerk des UCMC

Allein bis Mitte März hatten sich bereits 9oo ausländische Journalisten im UCMC angemeldet. Darunter auch das ZDF.

Das ZDF gibt in diesem Zusammenhang zu, dass sich die vielfältigen Angebote des UCMC für die Ukraine-Berichterstattung des ZDF "als sehr nützlich erwiesen haben". Dies bekennt Andreas Weise, Redaktionsmitglied des heute-journals, der für das heute-journal aus Kiew berichtet.

Folgende Angebote stellt das PR-Netzwerk des UCMC der internationalen Presse zum Kampf gegen "russische Propaganda" zur Verfügung:

•*tägliche Pressekonferenzen von Befürwortern der ukrainischen Übergangsregierung,*
•*ausgewählte Interviewpartner, Übersetzer, ausgewähltes Video-Material, Stellungnahmen von regierungsnahen Künstlern und Akademikern wie etwa Historikern und anderen "Ukraine-Experten".*

Politische Ausrichtung des Ukrainian Crisis Media Center

Kritiker der Übergangsregierung dürfen sich weder auf den täglichen Pressekonferenzen noch in anderen vom Media Center vermittelten Interviews äußern.

Das gilt für nationale Kritiker (die gesamte ukrainische Opposition) wie auch internationale Kritiker.

Dafür sorgt eine hierfür speziell eingerichteteKoordinierungsgruppe, die entscheidet, wer zu Wort kommt und welche Botschaften verbreitet werden.

Mitglied dieser Koordinierungsgruppe ist Nataliya Popovych, Präsidentin von PRP, der ukrainischen Tochtergesellschaft von Weber Shandwick und Gründungsmitglied des UCMC.

Entwaffnend ehrlich bekennt sie: "Ich bin stolz, als Bandera-Anhängerin" bezeichnet zu werden."

Die Koordination der Zusammenarbeit

Das UCMC hat eine Beobachtergruppe eingesetzt, die auf "false news" im Ausland sofort mit entsprechenden Maßnahmen reagiert. Der Begriff "false news" bezeichnet dabei sämtliche als russische Propaganda bewertete Kritik an der jetzigen Übergangsregierung.

Ein Beispiel der Zusammenarbeit des ZDF mit dem UCMC

Wie eng und vor allem schnell das ZDF mit dem Ukrainian Crisis Media Center zusammenarbeitet, zeigt sich am Beispiel des ZDF-heute-journals vom 13. März 2014:

Im Mittelpunkt steht ein berühmter Fall von "false news": Die Rede Gregor Gysis in der Bundestagsdebatte über die Ukraine-Krise am 13. März.

Auf die von Gysi u.a. geäußerte Kritik an der Zusammenarbeit der Bundesregierung mit Rechtsradikalen der Swoboda reagiert in Kiew die Beobachtergruppe sofort in Kooperation mit dem ZDF:

Auf der Pressekonferenz des Ukrainian Crisis Media Center lässt sie noch am selben Tag den Swoboda-Chef Oleg Tjagnibok zu Gysis Faschismus-Vorwurf Stellung nehmen. Und genau diesen Ausschnitt der Pressekonferenz aus dem UCMC gibt Andreas Weise im heute-journal vom 13. März in einer Aufzeichnung aus dem UCMC wieder:

•Die von Gysi zitierte Äußerung Tjagniboks sei 10 Jahre her,
•die Äußerung sei ungenau zitiert,
•alle negativen Aussagen über die Swoboda würden von Mitgliedern ehemals kommunistischer Parteien stammen.

Das ZDF als Sprachrohr der Swoboda?

Man beachte Folgendes:

Vor dieser Einspielung hatte das heute-journal einen Beitrag über eben diese Bundestagsdebatte zur Ukraine gesendet.

ZDF-Reporter Lars Seefeldt kommentierte dabei die Kritik der Linken folgendermaßen:

•*Die von Gysi angeführte Äußerung Tjagniboks sei 10 Jahre her,*
•*die Äußerung Tjagniboks ungenau zitiert,*
•*Sahra Wagenknecht -die Gysis Kritik teilte - sei eine "radikale Linke".*

Zu 100 Prozent deckungsgleich sind die Aussagen des ZDF-Reporters Seefeldt mit der Stellungsnahme Tjagniboks, die das heute-journal dem Bericht über die Bundestagsdebatte am 13. März folgen ließ.

Das heute-journal vom 13. März zeigt anschaulich, wie - scheinbar in Form einer ausgewogenen Berichterstattung - Kritik seitens "Putin-Verstehern" (Zitat des ZDF-Reporters Seefeldt) an der Kiewer Regierung in den deutschen Medien zwar zu Wort kommt, zum Teil sogar von deren Vertretern selbst eingeräumt wird, aber nur um dieselbe Kritik sofort zu relativieren, zu entkräften und gemäß der Zielrichtung des UCMC als russische Propaganda zu kennzeichnen. Dies ließe sich auch anhand zahlreicher Beispiele aus dem weiteren Verlauf eben dieser Sendung belegen.

Es ist nicht auszuschließen, dass ein Großteil des vom ZDF zur Ukraine-Krise verwendeten Pressematerials (Übersetzungen, Interviews, Bild-und Videomaterial) vom UCMC vermittelt wird.

So erklärt sich auch das, was weite Teile der deutschen Bevölkerung seit Wochen mit zunehmender Sorge beobachten: eine einseitige, emotionalisierende Berichterstattung, die auch vor Falschmeldungen nicht zurückschreckt.

In welchem Maße auch die ARD, Phoenix, aber auch die privatwirtschaftlich betriebenen Medien in dieses PR-Netzwerk eingebunden sind, kann zum jetzigen Zeitpunkt nicht sicher beurteilt werden."

Soweit der Bericht der Wochenzeitung „Der Freitag" vom 07.04.2014, der an einem konkreten Beispiel zeigt, wie sehr und gezielt in Sachen Ukraine-Berichterstattung manipuliert wurde. Natürlich kann man jetzt verteidigend argumentieren, dass es Zufall gewesen sein könnte, genau diesen Gesprächspartner an diesem Tag in der Pressekonferenz zu haben. Aber dass dieser dann die Rede aus dem Deutschen Bundestag vom selben Tag bereits kennt und darauf eingeht? Eher fraglich...

- Der ehemalige Boxweltmeister Klitschko, der sich aktiv an der Politik in der Ukraine beteiligt und lange Zeit einer der führenden Köpfe der Maidan Bewegung war, verbirgt gar nicht, woher das Geld für seine politische Arbeit kommt. Denn auf seiner eigenen Webseite nennt er als „finanzielle Förderer" seiner politischen Laufbahn und der neuen Karriere die CDU. Eine deutsche Partei (die zufälligerweise auch den aktuellen Bundeskanzler bzw. die Bundeskanzlerin stellt) unterstützt die Opposition in der Ukraine, mischt sich also aktiv in die dortigen Verhältnisse ein, und da wundert es noch, wenn die Medien derart einseitig berichten? Denn wie wir wissen, wurde gerade das ZDF vom Bundesverfassungsgericht für seine zu enge Staatsnähe massiv gerüffelt.

Sicher, was genau sich wo in der Ukraine abspielte, wer nun was getan hat oder wer die wirklichen Strippenzieher sind und welche Interessen diese verfolgen, das alles wird die Geschichte zeigen und das kann auch ich nicht vorhersehen. Aber man muss kein Hellseher sein, um Ungereimtheiten zu sehen und die Dinge kritisch zu hinterfragen. Ein Musterbeispiel seriösen Journalismus jedenfalls wurde in der Ukraine nicht abgeliefert. Dafür aber wurde deutlich gemacht, wie gezielt gelenkt werden kann und dabei dürfte erst die noch kommende Geschichte zeigen, auf was wir noch reingefallen sind.

Damit nun aber genug zur Ukraine, wobei diese Meldung der Deutschen Presseagentur vom 18.04.2014 das Kapitel gekonnt abrundet:

"Kiew will Prozess gegen Janukowitsch

Kiew schuf indessen die juristischen Voraussetzungen für internationale Strafverfahren gegen den gestürzten Präsidenten Viktor Janukowitsch und Mitglieder seiner Regierung. Um Ermittlungen des Internationalen Strafgerichtshofes (IStGH) zu ermöglichen, erkannte die Ukraine die Zuständigkeit des Tribunals in Den Haag für den Zeitraum von Ende November 2013 bis Ende Februar 2014 an, wie der IStGH mitteilte."

Ein Präsident wird gestürzt, eine ungewählte neue Regierung übernimmt die Amtsführung und erlässt umgehend rückwirkend belastende Gesetze für die Angehörigen der frühere, frei gewählten Regierung, sodass diese wohl immer im Verborgenen bleiben wird, da ansonsten die Gefahr von Verhaftungen besteht. Komisch, aber nennt man so etwas nicht „Pusch"? Aber wenn es einen Putsch direkt an Europas Grenzen geben würde, darüber hätte man uns doch informiert, oder etwa nicht? Entscheiden Sie selbst: Hat man?

***

„Demokratie ist ein Verfahren, das garantiert, dass wir nicht besser regiert werden, als wir es verdienen."

George Bernard Shaw

Gern genommen: Die rechte Keule

Wenn Sie aufmerksam die Kommentare, Nachrichten oder Berichte der großen Medien verfolgen, wenn es um neue politische Kräfte oder politische Alternativen jenseits des etablierten Establishments geht, dann wird Ihnen in diesen Berichten ein Wort oder Spielarten des selben mit Sicherheit immer auffallen: Rechts. Rechtsgerichtet, rechtsradikal oder sogar -ganz unverblümt- Neonazis. 70 Jahre nach Kriegsende zieht sie immer noch: Die Faschismuskeule. Eine sehr wirksame Waffe im Kampf um die öffentliche Meinung und eine Waffe, die immer ins Schwarze trifft.

Werden kritische Fragen zu Amerika gestellt ist es „antiamerikanisch". Gerade so, als ob es nicht erlaubt sei, nachzufragen, was hinter diesem Großmachtstreben steht oder wer dort wirklich sagt, wohin der Weg geht. Von „antiamerikanisch" ist es dann auch nur noch ein kleiner Weg hin in die rechte Ecke.

Denn stellt man zugleich die Frage, warum die USA zum Besispiel derart blind Israel unterstützen, dann ist man nicht nur antiamerikansich, sondern man ist gleich antisemitisch – Also feindlich gegenüber der jüdischen Religion und derer Angehörigen eingestellt. Und schon wird aus kritischen Fragen kein neugieriger, wissbegieriger Bürger mehr, sondern es entsteht ein Rechtrsradikaler; ein Nazi, den man mundtot machen sollte.

Gleich ob Israel blindlings in Kriegslaune Raketen in palästinänsische Dörfer schickt, egal ob Israel mit seiner Armee ganze Regionen neu besetzt und dort hastig neue Siedlungen baut und unumkehrbare Fakten schafft (denn wer wird schon die dann dort lebenden Israelis vertreiben? Dann wäre es ja wieder eine Judenvertreibung und die ist doch weltweit bitte sehr zu verurteilen) oder gleich ob Israel mal eben seine frisch aus den USA gelieferten Kampfjets in Richtung seiner Nachbarländer aufsteigen und einige Bomben abwerfen lässt: Kritische Nachfragen nicht erwünscht, denn wer möchte schon in der rechten Ecke stehen.

Doch man muss gar nicht in die Weltpolitik gehen, um zu sehen, wie ganz bestimmte kritische Nachfragen zugleich mit einem Generalverdacht belegt werden.

Denken Sie an Deutschland und die Kriminalstatistik. Werden in Kenntnis der Fakten gesagt, dass der Anteil von Straftaten unter den Bürgern mit Migrationshintergrund deutlich höher ist als es prozentual in der deutschen Bevölkerung der Fall ist, dann wird umgehend die Faschismuskeule geschwungen und man setzt sich dem verdacht aus, „rechtsradikales Gedankengut" zu verbreiten. Aber können Fakten überhaupt ein bestimmtes Gedankengut sein? Geht man weiter und schließt aus diesen Fakten, dass demnach bei den Bürgern mit Migrationshintergrund der Wille, sich an die geltenden Regeln und Gesetze zu halten deutlich geringer ausgeprägt ist, dann hat man sofort die unsichtbare, geschickt installierte Grenze überschritten und ist eindeutig ein „Neonazi".

Das mag sich auf dem ersten Blick zynisch anhören, aber erinnern Sie sich daran, wie neue politische Gruppierungen (ausgenommen vielleicht die knallroten), die nichts anderes forderten, als eine Verschärfung der Abschiebemöglichkeiten für ausländische Kriminelle, sofort als „rechtspolitisch" abgestempelt wurden – Und das war dann noch freundlich ausgedrückt. Nein, es ist politisch nicht genehm, auf bestimmte Fakten hinzuweisen und so gibt es auch vom Deutschen Presserat, immerhin der Dachorganisation der deutschen Medien eine ganz klare Richtlinie, was die Berichterstattung über Straftaten angeht:

So bestimmt der offizielle Pressekodex unter der Überschrift „Berichterstattung über Straftaten" unter dem Unterpunkt 12.1. ganz eindeutig und klar, wie Pressevertreter über begangene Straftaten berichten dürfen, möchten sie ihre Zulassung nicht verlieren. Dort heißt es nämlich wörtlich:

„In der Berichterstattung über Straftaten wird die Zugehörigkeit der Verdächtigen oder Täter zu religiösen, ethnischen oder anderen Minderheiten nur dann erwähnt, wenn für das Verständnis des berichteten Vorgangs ein begründbarer Sachbezug besteht. Besonders ist zu beachten, dass die Erwähnung Vorurteile gegenüber Minderheiten schüren könnte.".

Das heißt aber nichts anderes, als dass ganz bewusst ein Maulkorb für die tägliche Berichterstattung verpasst wird, weil man meint, es könnte unter Umständen „Vorurteile" schüren. Aber es zeigt auch etwas ganz anderes, nämlich wohin die gesamte Denkrichtung geht. Nämlich dass belegbare Fakten zu *Vorurteilen* reduziert, also ganz einfach ignoriert werden.

Denn Fakt ist es, dass allein im Jahre 2008 (eine jüngere wissenschaftliche Erhebung zu diesem Thema gibt es leider –vermutlich auch mit dem politischen Willen von oben- nicht) von insgesamt 12.086 Untersuchungesgefangenen in deutschen Justizvollzugsanstalten stolze 5.005 mit Migrationshintergrund waren. Das entspricht weit über 40% bei einem offiziellen Bevölkerungsanteil von gerade einmal knapp 9%. (Quelle: Studie der Universität Greifswald). Dabei muss auch berücksichtigt werden, dass der Anteil in den neuen Bundesländern deutlich geringer ausgeprägt ist, als in den alten Bundesländern. So stechen besonders Hamburg und Bremen bei dieser Studie heraus. Denn dort waren fast 60% aller Untersuchungshäftlinge im Jahr 2008 Menschen mit ausländischen Wurzeln. Daraus schließen, dass die Ausländerkriminalität steigt? Aber, aber, wer wird denn derartige „rechte Gedanken" pflegen...

An den Richtlinien des Presserates sehen Sie, dass es eine ganz gewollte Zensur gibt, was die wahren Hintergründe und Fakten angeht. Natürlich besteht die Gefahr, dass mit der Wahrheit Vorurteile geschürt werden und eine reale Gefahr besteht, dass in den Augen der Öffentlichkeit ganze Bevölkerungsgruppen in „einen Topf" geworfen werden. Doch warum überlässt man diese Meinungsbildung nicht den Zuschauern oder Zeitungslesern selbst, sondern meint, man müsse von oben herab diktieren, wie die Wahrheit so verändert wird, dass es eben ins Bild passt? Traut man den Bürgern nicht zu, sie könnten sich eine eigene Meinung bilden?

Aber vermutlich würde eine solche Frage ebenfalls mit der Faschismuskeule totgeschlagen werden und man würde als Fragender in eine Ecke gedrängt, in der man sich eigentlich nicht wiederfinden möchte. Denn wer will schon als „Neonazi" gelten. Nur ist man deshalb gleich ein Neonazi, weil man kritisch nachfragt?

Um bei den eben genannten Zahlen zu bleiben, fällt noch etwas auf: Denn obwohl deutschlandweit im Jahre 2008 über 40% aller Untersuchungsgefangenen ausländische Wurzeln hatten, beträgt die Quote der Strafgefangenen, also der Gefangenen, die ihr Urteil bereits empfangen haben, mit ausländischen Wurzeln nur knapp 22%. Woher kommt der Unterschied? Sitzen 18% der Untersuchungshäftlinge unschuldig im Gefängnis? Wohl kaum, vielmehr kommt hier eine andere zählweise zum Einsatz: Denn in der Statistik über die Untersuchungsgefangenen zählte man dann als „Bürger mit ausländischen Wurzeln", wenn man bei der Geburt keinen deutschen Pass hatte. Bei Strafgefangenen hingegen zählt man als „ausländischer Gefangener", wenn man im aktuellen Moment keinen deutschen Pass hat. Eingebürgerte Ausländer (wie z.B. Russlanddeutsche oder türkisch-stämmige Deutsche, die in der Zwischenzeit einen deutschen Pass erhalten haben) sind in der offiziellen Statistik und Lesart der Behörden Deutsche.

Doch wer wird sich schon mit derartigen, denkwürdigen Fakten aufhalten, wenn doch die X-te Wiederholung einer Fake-Doku auf einem der Privatkanäle läuft....

„Man darf niemals „zu spät" sagen. Auch in der Politik ist es niemals zu spät. Es ist immer Zeit für einen neuen Anfang."

Konrad Adenauer

Kleines Handbuch für eine erfolgreiche Volksverdummung

Wenn Sie einen Blick in Ihre Fernsehzeitung werfen, fällt Ihnen dann etwas auf? Die nach Drehbuch inszenierten „Fake-Dokus" am Nachmittag, Pseudo-Reportagen oder die tägliche Flut von Seifenopern bestimmen große Teile des Programms der Anstalten.

Hin und wieder die Zelebrierung großer Events oder Sportereignisse und dann eingestreut einige Politmagazine, die man aber mehr und mehr zu Gunsten von Talkshows reduziert und schließlich irgendwann ganz einstellen wird.

Dabei steckt hinter dieser Entwicklung Methode, wie der amerikanische Linguistiker Noam Chomsky bereits vor einigen Jahrzehnten wissenschaftlich analysierte und beschrieb (und dafür selbst auf der Überwachungsliste des FBI kam). Er entwickelte die sogenannten „*Zehn Strategien der Manipulation*", die als Anleitung zu verstehen sind, wie der Staat im Zusammenspiel mit den Medien nicht nur die Kontrolle erhalten, sondern diese auch unverblümt in eine ihm gefällige Richtung lenken kann. Wobei gesagt werden muss, dass er diese Strategien nicht als Bedienungsanleitung für Volksvertreter entwarf, sondern um den Bürgern zu zeigen, nach welchen feststehenden Regeln die gezielte Volksverdummung abläuft. Er entblößte in dieser Denkschrift die Struktur und die Zusammenhänge in der Hoffnung, dass durch die Kenntnis dieser Strategien eine „kritische Masse" entsteht, die dann den von oben lancierten Schwindel entlarven und aufdecken kann. Denn Manipulation funktioniert nur so lange, wie keiner bemerkt, dass sie stattfindet...

Nachdem Chomsky diese Strategien entlarvt, strukturiert und veröffentlich hat, geriet er in die Ecke der „*linken Reaktionäre*". Ein verzweifelter Versuch, diese Denkschrift damit indirekt zu klassifizieren und an die Verbreitung zu unterbinden? Entscheiden Sie selbst und fragen sie sich bei diesen Strategien, ob hier wirklich ein reaktionärer, linker „Spinner" am Werk war oder ein mahnender, besorgter Bürger, der vor der ausufernden Manipulation warnen wollte.

Dabei gilt der Grundsatz, dass Informationen gleich welcher Natur zu einer Wahrnehmung führen und dass die Wahrnehmung der Realität immer die Grundlage jeden menschlichen Handelns ist. Wenn wir also Fehlinformationen aufsitzen und die uns erreichten Informationen unvollständig sind, dann führt unser Handeln zweifellos dazu, eine falsche Realität zu erleben; wir erhalten ein Umfeld, das wir für ein solches halten, aber das nicht dem entspricht, was *wirklich* ist.

***

Strategie 1: Die Umkehr der Aufmerksamkeit

Die Aufmerksamkeit des Einzelnen ist eine sehr begrenzte Ressource. Lenkt der Einzelne seine Aufmerksamkeit auf den Punkt X, dann kann er den Punkt Y nicht sehen oder höchstens am Rand bemerken. Im alten Rom kam dieses Prinzip der Umkehr der Aufmerksamkeit unter dem Stichwort "Brot und Spiele" zum Einsatz: Das Volk wurde mit pompös inszenierten Spielen abgelenkt und mit Brot gesättigt, sodass keiner der Bürger ein ernsthaftes Interesse daran hatte, die herrschende Klasse zu hinterfragen oder zu kritisieren. Warum auch, man war satt und wurde unterhalten. Jetzt gibt es heute kein Collosseum mehr, in dem Gladiatorenkämpfe oder Wagenrennen stattfinden und eine Scheibe Brot erfüllt auch nicht mehr wirklich die Bedürfnisse der Bürger.

Doch man hat Privatfernsehen, bald den Mindestlohn und wenn man nicht mit Arbeit gesegnet ist, die Grundversorgung.

Es ist das Schlüsselelement der Kontrolle einer Gesellschaft von ganz oben, die Aufmerksamkeit der Öffentlichkeit auf unwesentliche Ereignisse umzulenken. Dann nämlich wird von wichtigen politischen Handlungen abgelenkt. Denken Sie in diesem Zusammenhang nur kurz daran, wie eine breite Medienberichterstattung auf unwesentliche Dinge gelenkt wurde oder noch gelenkt wird: Eisbär Knut schaffte es auf mehrere Minuten Sendezeit in der Tagesschau und erhielt damit mehr Aufmerksamkeit in Form von Sendezeit als ein Oppositionspolitiker, der darauf hinwies, dass erneut Milliarden von Steuergeldern in den Sand gesetzt wurden. Knutr war wichtiger, Knut war ein Eisbär. Aber auch die aufwändig inszenierten Casting- oder Dschungelshows und die am Rande davon inszenierten Skandale und Skandälchen. Alle samt geeignet, am folgenden Tag zum Gesprächsthema zu werden und die Aufmerksamkeit zu bündeln. Oder wurde während der Wochen des vergangenen Dschungelcamps in den Pausen oder bei Bekannten davon gesprochen, dass in Amerika die Zahlen darüber veröffentlicht wurden, dass allein in der bisherigen Amtszeit Obamas über 3000 Menschen amerikanischen Drohneneinsätzen im Ausland zum Opfer fielen und dass Deutschland bereits derartige Drohnen ausgiebig testet? Von den allein unter Obama verursachten Toten dieser Angriffe jeder Dritte als Zivilist galt?

Oder noch ein Beispiel: Während der Fußball-Europameisterschaft 2012 verabschiedete der Deutsche Bundestag ein Gesetz darüber, dass Einwohnermeldeämter das Recht erhalten sollten, alle gespeicherten Daten an Privatfirmen verkaufen zu dürfen. Ein Skandal, der erst dann herauskam, als sich nach der EM ein Politiker verplapperte. Das Volk war zu diesem Zeitpunkt nicht mehr abgelenkt und schon ging ein Aufschrei durch das Land. Dabei hätte dieser doch eigentlich schon weit früher erfolgen müssen.

Unbequeme Entscheidungen spart man sich also so lange auf, bis ein Ereignis die Medien derart bindet, dass niemand mehr dem Gesetzgeber auf die Finger blickt. Die öffentliche Meinung kehrt in solchen Zeiten den wirklichen wirtschaftlichen und politischen Problemen erwiesenermaßen den Rücken zu und ist in Diskussionen gebunden durch die Aufmerksamkeit auf andere Dinge.

Schaffe es also, dass die Gesellschaft beschäftigt ist und beschäftige sie so, dass sie keine Zeit hat, über etwas Anderes nachzudenken.

Deshalb sollte immer dann Vorsicht angebracht sein, wenn das reißerische Sonderangebot eines Supermarktes oder ein Eisbärbaby mehr Aufmerksamkeit in den Medien erhalten, als die wirklich wichtigen Dinge, die über unsere Zukunft und unser Leben entscheiden.

***

Strategie 2: Problem, Reaktion, Lösung – Die politische Dreifaltigkeit

Erschaffe ein Problem und liefere die Lösung: Eine Strategie, die schon bei Hitler und Göbbels funktioniert hat und noch heute bestens klappt. Man nennt diese Strategie auch "Problem – Reaktion – Lösung". Es wird ein Problem oder eine Situation geschaffen, um eine Reaktion bei den Empfängern auszulösen, die danach eine präventive Vorgehensweise erwarten. Denken Sie in diesem Zusammenhang an die fürchterlichen Anschläge des 11. September auf das World Trade Center. Die Reaktion war öffentlicher Schock und Lähmung. Plötzlich einte man sich wieder hinter dem unbeliebten Präsidenten Bush und erwartete ein präventives Vorgehen gehen die "Achse des Bösen" - Ein selbst erfundener und weit dehnbarer Begriff. Auch andere Situationen sind denkbar. Es wird Gewalt angezettelt, blutige Aufstände oder soziale Unruhen oder aber man erschafft ein weithin akzeptiertes Feindbild, das scheinbar die gewohnten und liebgewordenen Zustände bedroht. In einer solchen Zeit und Entwicklung akzeptiert die Gesellschaft die Verschärfung der Gesetze und Rechtsnormen auf Kosten der eigenen Freiheit. Immerhin will man sich ja nicht länger diesen Unruhen oder Bedrohungen ausgesetzt sehen und ist bereit, ein Teil seiner eigenen Freiheit dafür zu opfern, dass so etwas nicht mehr vorkommt. Es dient zum Schutz der abstrakten Allgemeinheit.

Man nimmt bereitwillig in Kauf, dass Daten auf Vorrat gespeichert werden, die ganze Bewegungsprofile zulassen und nickt blindlings der politischen Begründung zu, dass es ja nur zur eigenen Sicherheit sei. Und hier kommt dann auch das sehr gern genutzte Totschlagsargument zum Tragen, wonach derjenige, der nichts zu verbergen hat, auch nichts befürchten müsse. Damit schafft man gleich einen Generalverdacht gegen all diejenigen, die gegen diese immer weiter ausufernde Beschneidung von Freiheitsrechten angehen oder diese auch nur kritisieren. Warum sollte ich denn etwas dagegen haben? Ich habe ja nichts gemacht, also betrifft es mich auch nicht.... Falsch gedacht, denn Freiheitsrechte sollten nicht diskutabel sein und uneingeschränkt gelten.

***

Strategie 3: Stufe Änderungen ab, sodass sie nicht mehr auffallen

Verschiebe die Grenzen von Änderungen stufenweise, Schritt für Schritt, Jahr für Jahr. In diesen kleinen Dosierungen fallen radikale und massive Änderungen nicht auf und sie verwässern, sodass keiner mehr erkennt, welches großes Ziel sich dahinter verbirgt. Auf diese Weise setzte man in den Jahren 1980 bis 1990 die neuen radikalen wirtschaftsliberalen Gesetzesänderungen durch. Eben genau so abgestuft, dass sie einzeln nicht auffielen und der Gesamteindruck nicht möglich war.

Dieser Effekt der schleichenden und unauffälligen Veränderung funktioniert schon hervorragend seit Jahrzehnten in der Lebensmittelindustrie (so ist heute der Zuckergehalt eines SNICKERS über sechsmal so hoch, wie er vor einigen Jahrzehngten war. Weniger um Menschen zu täuschen, vielmehr, weil sich die Menschen so sehr an Zucker in den täglichen Nahrungsmitteln gewöhnten, dass sie die Süße des Riegels nicht mehr schmecken würden, wenn der Zuckergehalt nicht nach oben angepasst worden wäre. Man stumpft mit der Zeit ab.).

Im aktuellen politischen Tagesgeschehen sind diese abgestuften Änderungen zum Beispiel bei den Renten zu sehen. Man stelle sich vor, welcher generationenübergreifender Schock durch das Land gehen würde, wenn man sich hinstellt und sagt, dass die Renten effektiv gekürzt werden würden und in einigen Jahrzehnten nur noch eine Grundversorgung vorhanden wäre, die kaum mehr zum Leben reicht. Nein, das tut man nicht. Denn das würde den jetzigen Arbeitnehmern, die immerhin gut ein Fünftel ihres monatlichen Einkommens in die Rentenkasse zahlen in der Hoffnung, eines Tages gut versorgt in den Ruhestand zu gehen, gar nicht schmecken. Stattdessen geht man hin und achtet darauf, die Rentenanpassungen immer deutlich unter der Inflation und unter den Lohnsteigerungen zu lassen. Das fällt kaum auf, aber bedeutet effektiv, dass das Rentenniveau mehr und mehr absinkt. Wohin das führen wird, kann sich jeder selbst ausrechnen... Eben eine abgestufte Radikaländerung par excellence.

***

Strategie 4: Aufschub von Änderungen

Wie bekommt man eine ganze Gesellschaft dazu, tiefe Einschnitte im Vergleich zum bisher gewohnten Wohlstand und zur gut eingerichteten Lebensweise zu akzeptieren? Man schiebt die Einschnitte hinaus und macht sie dann zur "zwingenden notwendigkeit". Dabei wird in der Regel schon sehr langfristig vor diesen Einschnitten ganz gezielt darauf hingearbeitet, indem die passenden "Schreckgespenster" an die Wand gemalt und herauf beschworen werden, sodass dann, wenn die geplanten massiven Einschnitte erfolgen, diese als "schmerzhaftes Muss" akzeptiert werden.

Denken Sie in der Vergangenheit an ganz bestimmte Steuererhöhungen, wie zum Beispiel den Solidaritätszuschlag. Es wurde ganz gezielt die Wichtigkeit der Wiedervereinigung herauf beschworen; es wurde gesagt, es wachse zusammen, was zusammen gehört. Natürlich wurde anschließend festgestellt, dass der Finanzbedarf der neu hinzugekommenen Bundesländer deutlich höher ist als erwartet, aber wir dürfen ja unseren neu hinzugekommenen, endlich in Freiheit lebenden Bürger in den neuen Ländern nicht den gleichen Standard verwehren, den sich der Westen so lang erarbeit und aufgebaut hat.

Also muss -natürlich nur für einen überschaubaren Zeitraum- eine Sonderabgabe erhoben werden, die zwar schmerzen mag, aber umso notwendiger ist, um diese Last zu schultern. Mit einer derartigen Argumentation "erlauben" dann die Wähler und die Gesellschaft, ein "schmerzhaftes Muss" einzuführen. Alles mit der Aussage, dass dann, schon sehr bald, Alles gut sein werde. Wie wir wissen existiert der Solidaritätszuschlag immer noch, weil man sich einfach an diese zusätzlichen Einnahmen gewöhnt hat.

Ähnliche Entwicklungen sind derzeit in Sachen der Eurokrise zu beobachten: Erinnern Sie sich an das Griechenland – Desaster. Dazu muss man wissen, dass einen Großteil der griechischen Schulden in Form von Schatzbriefen von den befreundeten Banken auf Zypern gekauft und gehalten wurden. Das heißt, einer der im Vergleich zur Einwohnerzahl größeren Gläubiger Griechenlands war die relativ kleine Insel Zypern. Erinnern Sie sich noch, wie dann der massive Schuldenschnitt Griechenlands kam? Unter den monatelang an die Wand gezeichneten Gefahren, was ein Austritt Griechenlands aus der Euro-Zone bedeuten wurde und der heraufbeschworenen Gefahr, wie schädlich es wäre, dieses Pleiteland in den Bankrott zu schicken, wurden Griechenland unter dem Mehrheitsbeschluss der europäischen Finanzminister viele seiner Schulden erlassen.

Darunter auch die Schulden, die Griechenland bei den Banken in Zypern hatte, die die griechischen Staatsanleihen in ihrem Bestand hatten. Die Folgen waren den Finanzministern bekannt, nämlich dass unter derartigen Forderungsausfällen die zypriotischen Banken, deren Auslandsanlagen zum großen Teil eben beim befreundeten Griechenland war, ins Straucheln geraten würden. Als es dann so weit war, wurde hastig verbreitet, es seien ohnehin nur „Geldwäscherbanken" von „reichen Russen". Also nichts, was mit unserem deutschen, gewohnten Bankensystem vergleichbar wäre. Dazu wurde das Schreckgespenst eines aufgeblähten Bankensektors heraufbeschworen und so wurde dann nach mehrwöchigen Verhandlungen der „alternativlose Beschluss" gefasst, die Sparguthaben massiv zu enteignen. Die kleine Insel im Mittelmeer als isolierte Testwiese für spätere, größere und europaweite ähnliche Aktionen. Denn inzwischen wissen wir und auch Sie aus der Einleitung, dass die Enteignung von Sparguthaben auch in Deutschland grundsätzlich möglich ist und der entsprechende Weg bereits geebnet wurde. Immer wenn von „*alternativlosen Schritten*" die Rede ist, sollten Sie also hellhörig werden, denn entweder wurden diese bereits von langer Hand vorbereitet oder aber sie bereiten etwas vor, dass später als „schmerzhaftes Muss" verkauft wird. Die „eiserne Lady" Englands, Margret Thatcher nutzte dafür in ihrer Amtszeit den geflügelten Satz „There is no alternative" für schmerzhafte Einschnitte, Kanzlerin Merkel schon mehr als einmal die nahezu identische Übersetzung: „Dazu gibt es keine Alternative".

Doch, gibt es: Die umgehende Abwahl. Denn derartige Sätze zeigen, dass das Demokratieverständnis nahezu gen Null tendiert. Aber außer kleine, verbale Restwiderstände erfolgt nichts auf derartige Äußerungen, denn wie wir jetzt wissen, wurden diese derart lang vorbereitet, dass sie letztendlich tatsächlich akzeptiert werden und seien sie noch so unnötig.

**

Strategie 5: Sprich zur Masse wie zu kleinen Kindern

Eine weitere Strategie, um die Gesellschaft gezielt zu manipulieren und zu blindlings folgenden Lämmern zu machen, ist die Anrede in einer derart einfachen Sprache, dass sie der Sprache ähnelt, wie wir sie mit Kindern anwenden. Die komplizierten, politischen und wirtschaftlichen Sachverhalte werden so aufgearbeitet und den Punkt gebracht, dass es kaum noch Fakten erkennen lässt, sondern allenfalls einer kindgerechten "schwarz-weiß- Malerie". Dabei wird nicht selten ein gönnerhafter Ton angeschlagen, der beim näheren Hinsehen bzw. Hinhören daran erinnert, wie wir mit Kindern oder geistig zurückgebliebenen Menschen reden.

Und je mehr man die eigentlichen Fakten vernebeln will, desto bevorzugter wird diese Technik angewandt. Kritik an dem Eurorettungsschirm? Die gönnerhafte Antwort: "*Aber Sie können doch nicht ernsthaft wollen, dass der Euro schwächer wird und deshalb tausende Menschen verhungern*". Wer kann denn bei einem derart einfach gestrickten Satz pauschal mit "Nein" antworten, will er sich nicht dem Verdacht ausgesetzt sehen, dass er willentlich Menschen im Elend auf der Straße leben lässt? Eben alternativlos und in einer Sprache, die gezielt kindgerecht aufbereitet wurde, nämlich die Fakten einfach übergeht.

Auf eine derart gegebene Antwort ist kaum eine kritische Nachfrage möglich; Kritik prallt also einfach ab, denn der kritische Nachfrager müsste sich dann gefallen lassen, zu wollen, dass eine ganze Bevölkerung im Notstand versinkt. Faktisch aber wurde schon mit dem Euro das Volk übergangen, indem er als alternativlos eingeführt wurde und dann ein zweites Mal übergangen, als das bei der Euro-Einführung schummelnde Griechenland zur Euro-Zone stieß. Glauben sie nicht, man wusste nichts davon. Doch man musste Griechenland in den Euro zwängen, um die Gefahr abzuwenden, dieses Land wendet sich ansonsten seinen östlichen Nachbarn, der Türkei, zu.

Also reagiert der Bürger bei gebetsmühlenartig, in Kindersprache vorgetragenen kritischen Dingen wohl -auch erwiesenermaßen- ebenfalls so, wie es ein Kind tun würde. Um beim Beispiel zu bleiben, er wird nicken und sagen: *"Nein, das will ich nicht"*. Und weil das eine brave Antwort war, wird über den Kopf gestreichelt und gesagt: *"Na siehst Du und jetzt bekommst Du einen Keks"*.....

***

Strategie 6: Die Konzentration auf Emotion und nicht auf kritische Reflektion

Man appeliert an das Gefühl an Stelle des kritischen Nachdenkens. Um eine kritische Auseinandersetzung mit den Fakten zu verhindern, wird ganz gezielt auf der Gefühlsebene argumentiert. Auf diese Art verhindert man eine rationale Auseinandersetzung mit dem Thema, Wird es nämlich auf der Ebene der Gefühle behandelt, umgeht man das kritische Nachdenken, welches die Schwachstellen offenbaren würde. Erinnern Sie sich noch an den vergangenen Wahlkampf? Welche Aussage hatte eigentlich der Wahlgewinner, die CDU? Hmmm.... langes Schweigen. Aber Moment, ja, da war doch was: Sie hatte Merkel, die *Mutti*. Die Konzentration auf dieses Rollenbild, nämlich das Mutti es schon richten wird, ließ gar keine kritische Auseinandersetzung mit dem Programm zu. Wie auch, wurde es doch vor der Öffentlichkeit geheim gehalten wie ein großes Geheimnis.

Überall war Mutti zu sehen und der Satz (oder entsprechende Abwandlungen): Alles bleibt gut. Dazu positiv besetzte Worte, wie „Nachhaltigkeit", „Stabilität" oder „Modernität" und fertig war der Wahlgewinn. Aber was bedeuten diese Worte nun im Einzelnen....? Und wer würde schon selbst gern als „unmodern", „verschwenderisch" oder „wankelmütig" gelten. Fragen Sie sich selbst... Die Konzentration auf die Emotion verhinderte über den gesamten Wahlkampf die kritische Auseinandersetzung mit den wirklichen Zukunftsthemen.

Ähnliches gilt aber auch in anderen Politikfeldern neben dem Wahlkampf: Das gezielte Schüren von Emotionen, wie Angst vor einer abstrakten Gefahr, verhindert das kritische Nachfragen der darauf folgenden Maßnahmen. Erinnern Sie sich an den Satz: „Die Freiheit der Deutschen wird auch am Hindukusch verteidigt". Darauf folgten Entsendungen deutscher Kampftruppen nach Afghanistan, um „Bündnisverpflichtungen" zu übernehmen und zu verhindern, dass der -damals durch die Anschläge des 11. September noch gut in der Erinnerung sitzende- Terror nach Deutschland kommt.

Die Resultate sind inzwischen bekannt: Zahlreiche tote deutsche Soldaten, viele getötete Zivilisten in Afghanistan und jetzt verlassen die Truppen dieses unwirkliche Land unter schlimmeren Bedingungen, als sie es vorfanden. Der Heroinexport Afghanistans ist so hoch wie nie zuvor, fast 60% Abhängige im eigenen Land und zahlreiche kleine, radikale Splittergruppen, die um die Vorherrschaft einzelner Regionen dort kämpfen. Hauptsache eben, man hat damals die Amerikaner bei ihrem Krieg unterstützt und seine Verpflichtungen erfüllt. Gleichgültig, welche Argumentation man seinen eigenen Leuten damals an den Kopf knallte...

Oder erinnern Sie sich an den seltsamen "Datenklau", der erst sehr kurz zurück liegt. Überall war zu lesen, Hacker hätten Email Accounts mit Passwörtern gestohlen. Dazu wurden Ängste geschürt, dass diese Hacker jetzt im Namen der Betroffenen Bestellungen tätigen könnten und sogar an Kreditkarten oder Bankdaten gelangen könnten. Deshalb bitte unbedingt auf der Seite des Bundesamtes für Sicherheit und Informationstechnik prüfen, ob die eigene Adresse betroffen ist. Die Angst vor der heraufbeschworenen Gefahr, das eigene Geld könnte betroffen sein, verhinderte weitere Nachfragen und man tat, wie geheißen... (Aber allein diesem Sachverhalt wurde ja bereits ein Kapitel in diesem Buch gewidmet).

***

Strategie 7: Versuche die Ignoranz der Gesellschaft aufrecht zu erhalten

Einer der wichtigsten Punkte in diesen Strategien der gezielten Manipulation ist dieser Punkt: Nämlich das Aufrechterhalten der Ignoranz in der Gesellschaft, auf dass sie nicht erkennt, wie sie manipuliert und gelenkt wird. Gelingt dieser Punkt, dann gelingen auch die anderen Punkte mit Bravour.

Die Ignoranz, die hierfür benötigt wird, kann das *„Nicht-Wissen"* und auch das *„Nicht-Wissen-Wollen"* umfassen. Indem man also entweder Fakten gezielt zurück hält oder darauf hinarbeitet, dass überhaupt niemand Interesse daran hat, die wirklichen Fakten zu erfahren oder sich kritisch mit dem Geschehen auseinanderzusetzen.

Dies gelingt in den vergangenen Jahren immer besser, wobei hier vorbildliche Arbeit von den Medien - gleich ob Funk, Fernsehen, oder Print- übernommen wird: Da werden Diskussionen und Schlagzeilen entfacht, in denen es darum geht, welche Dschungelprüfung gerade wer und wie absolviert hat, das x-te Kind von einem Z-Promi wird groß aufgebauscht und die Sender gehen mehr und mehr zu Pseudo- Reality Formaten über, bei denen die Drehbuchschreiber zuvor bestimmen, wie sich die Laiendarsteller verhalten sollen.

Selbst Talkshows werden so besetzt, dass in der Regel Klamauk dabei herauskommt und um die wenigen ernsten Töne zu übertünchen oder inflationär werden zu lassen, werden einfach so viele abendliche „Polittalkshows" ins Programm genommen, dass eine gezielte Übersättigung eintritt und alles so klingt wie schon einmal gehört, also unwichtig.

Es vergeht kaum ein Tag, an dem nicht ein Sender eine derartige Show im Spätprogramm hat. Natürlich wird das nach außen hin als „Erfüllung des Informationsbedarfs" begründet. Hinter dieser Begründung aber steckt wohl vielmehr eine gezielte Übersättigung, sodass man darauf hinarbeitet, dass das Interesse an ernsten Themen spürbar nachlässt.

„Welche Funktion erfüllt Geld?", „Welche Aufgaben haben Löhne und Gehälter in einer funktionieren Volkswirtschaft?" oder „Wie können die Belastungen in den Sozialsystem dauerhaft in Zukunft vermieden werden?" - Fragen, die zwar essentiell für eine richtige Wahlentscheidung sind, die aber weder in Schulen noch in Medien diskutiert werden....

Dafür aber kommen Politiker mit Sätzen durch wie: „Das kostet sonst Arbeitsplätze" oder „Die Wettbewerbsfähigkeit muss gesteigert werden" und begründen damit zugleich Einschnitte, die jeden Privatbürger betreffen und die Großen bzw. Gönner dieser Politiker entlastet. Stichwort: Ökostromumlage.

Die über viele Jahre antrainierte Ignoranz der Masse hat dazu geführt, dass sie blind folgt und leeren Worthülsen nachhängt anstatt kritisch nachzufragen.

∗∗∗

Strategie 8: Entfache in der Bevölkerung den Gedanken, dass sie durchschnittlich ist

Erreiche das die Bürger zu Glauben beginnen, dass es normal sei dumm, vulgär und ungebildet zu sein. So zynisch und hart das klingt, es ist ein weiterer Eckpfeiler in den Strategien der Manipulation der Masse. Indem nämlich der Bürger denkt, es sei vollkommen "normal", das politische Tagesgeschehen nicht zu verstehen, wird er auch keine Bemühungen unternehmen, dies zu ändern.

Und um diesem *"Unterdurchschnitt"* das Gefühl zu geben, er sei mit diesem Niveau noch gut bedient, werden Pseuo-Spiegelbilder der Gesellschaft gezeigt, auf die man dann mit dem Finger zeigen und sagen kann: Aber seht mal die, die sind ja noch viel *schlimmer*.

Glauben Sie nicht? Werfen Sie mal einen Blick in das Nachmittagsprogramm einer der beiden großen privaten Sendeanstalten. Alles ein Puzzlestück im großen Gesamtbild.

∗∗∗

Strategie 9: Wandle Widerstand in das Gefühl schlechten Gewissens um

Ein sehr schwieriger Punkt in der Liste der Manipulationstechniken, aber kein unmöglicher, wie die Praxis zeigt: Erlaube es, dass die Gesellschaft denkt, das sie auf Grund von zu wenig Intelligenz, Kompetenz oder Bemühungen die einzig Schuldigen an ihrem Misserfolg sind. Das wirkt einer Rebellion oder kritischen Nachfragen der Bevölkerung entgegen, indem dem Bürger suggeriert wird, dass er an allem Übel selbst schuld sei. Vermindere also sein Selbstwertgefühl. Das führt zu Depression und Blockade weiteren Handelns. Ohne Handeln gibt es kein Aufruhr oder offene Kritik. Ein bequemer Punkt also.

Beispiele aus der Praxis gefällig? Bitte sehr: Wer im Alter zu wenig Geld zur Verfügung hat, ist selbst daran schuld. Er hätte vorsorgen müssen und nicht in Saus und Braus leben. Die kräftige Entnahme des Geldes aus der prall gefüllten Rentenkasse durch Politiker um Haushaltslöcher zu stopfen und Misswirtschaft mit den satten Einnahmen zu verschleiern, wird damit kurzerhand zum Problem der zukünftig von diesen leeren Kassen Betroffenen.

Klartext? Fehlanzeige! Noch unter der Regierung Kohl hatte die Rentenkasse eine Deckungsreserve von 12 Monaten. Diese Reserve sagt, dass die Kassen ausreichen, um selbst ohne weitere Einnahmen noch volle 12 Monate lang die Renten an die Rentner auszahlen zu können. Unter Schröder wurde die Reserve erst auf 6, dann auf 3 Monate reduziert und inzwischen ist die Deckungsreserve noch einen halben Monat stark. Aber, die Verantwortung wird trotz Rekordbeschäftigung den Beitragszahlern und zukünftigen Profiteuren der Kasse angelastet, sie müssen eben vorsorgen. Die Alterspyramide ist ein Fakt und damit die eigene Vorsorge - Na, erraten Sie es?- "*alternativlos*".

***

Strategie 10: Lerne Menschen besser kennen, als sie es selbst tun

Während die von den bisherigen Manipulationen betroffenen Bevölkerungsgruppen dem einseitigen Trommelfeuer aus manipulierenden Medien und den dort verbeiteten Nebensächlichkeiten ausgeliefert sind, wird das wirklich entscheidende Wissen denjenigen Gruppen vorbehalten, die viel zu verlieren haben. Also der Elite der Mächtigen.

Durch immer mehr Fortschritte in Biologie, Neurologie und Verhaltensforschung werden Menschen und das Verhalten immer mehr erklärt und begründet. Und so kann diese Elite dann dieses Wissen umgehend einsetzen, um die Manipulationstechniken zu verfeinern und immer weiter fortzuführen.

Dabei nutzt diese Elite längst den technischen Fortschritt für sich und lässt ihn für sich arbeiten. Die enorme Datenerfassung und Abgreifung durch google, Facebook & Co. liefert genau diesen Mächtigen immer neue Ressourcen und Hintergründe, wie gezielt manipuliert und Meinung beeinflusst werden kann.

Der alte Satz des gewieften Machtpolitikers Strauß "Wir müssen die Herrschaft über den Stammtischen verteidigen" kann längst dahingehend abgewandelt werden, dass "die meisten Likes" oder "Gruppenmitglieder" erreicht werden müssen. Alternativ natürlich auch Einschaltquote oder für die Technikverweigerer die Auflage (gab es da nicht auch etwas...?).

***

So die veröffentlichten "Zehn Strategien zur Manipulation". Beim näheren Nachdenken aber auch durchaus als Anleitung zu verstehen, wie die gewählten Volksvertreter geschickt lenken und tricksen können, finden Sie nicht auch? Erinnern Sie sich an die Zeit, in der die Presse in großen Überschriften auf mögliche Gefahren hinwies und wie stillschweigend man anschließend in Kauf nahm, dass Gesetze verändert und Freiheiten beschnitten wurden. Früher gab es Zeiten, da wären Menschen lautstark auf die Straße gegangen, wenn ein Gesetz verabscheidet worden wäre, dass es den Behörden erlaubt, gesendete und empfangene Emails (oder damals Briefe) für sechs Monate zu speichern und kontrollieren zu können. Aber im Namen der fiktiven Gefahrenabwehr wird es hingenommen.

Zugegeben, diese Strategien der Manipulation, die Sie in den jewieligen Überschriften sehen, wurden als theoretische Analyse und Denkschrift verfasst. Und obwohl sie bereits längst bekannt und verbreitet sind überrascht es, dass sie dennoch so effektiv wirken. Ob die gezielte Ablenkung, Verdummung oder Manipulation also doch Wirkung zeigt? Spätestens an dem Schattendasein, dass diese Strategien fristen, zeigt sich, dass die Maschinerie aus Politik, Medien und einzelnen Interessengruppen hervorragend in der Praxis funktioniert.

Aber, wie heißt es so schön in einem alten Sprichwort: *Wenn der Staat kriminell ist, lässt er nicht zu, dass seine Bürger es werden.* Oder wie es die Chinesen auszudrücken pflegen: *Der Fisch stinkt vom Kopf her.*

Ausblick

Fragen Sie sich bei dramatischen Meldungen immer: Was nutzen diese Meldungen *Wem*?

Auch wenn wir im Informationszeitalter leben, so dürfen wir nicht vergessen, dass „*Information*" nicht automatisch gleichbedeutend mit „*Wahrheit*" ist. So schön das Informationszeitalter auch ist, es hat ein gehöriges Wahrheitsdefizit, wie wir täglich erfahren können und wie die Beispiele in diesem Buch zeigten.

Und um das Eingangs gebrauchte Benn Zitat noch einmal aufzugreifen: „*Dumm sein und Arbeit haben, das ist Glück.*" - Vielleicht sollte man es aber uns überlassen, ob wir in dieser Form überhaupt glücklich sein wollen, finden Sie nicht auch? Denken Sie kurz darüber nach, bevor Sie das nächste Kreuz auf einem Wahlzettel machen.

Deshalb: Hören Sie nie auf, die richtigen Fragen zu stellen.

In diesem Sinne,

Ihr Walter Schlegel